謙信襲来

越中・能登・加賀の戦国

はじめに――11度にもわたる出兵　食うための戦争？

義の英雄という神話

戦国時代から「太刀《たち》においては日本無双《ひのもとむそう》の名大将」（「羽後成就院所蔵文書」）と評された、越後の戦国武将上杉謙信（享禄《きょうろく》3年〈1530〉生～天正《てんしょう》6年〈1578〉没）。

「敵に塩を送る」エピソードでも知られる謙信の本拠は、春日山城（現新潟県上越市）だ。北陸では、手取《てどり》川《がわ》（現石川県白山市）で柴田勝家《かついえ》率いる織田信長軍に大勝した人物として名を馳せる。神仏を篤く敬い、大義名分を重んじ、決して私利私欲の戦いを行わず、自らの野心ではテリトリーを広げないなど、まさしく英雄というイメージを謙信に対して抱く方は多かろう。あらかじめ断っておくと、幼い頃から筆者は、謙信のことを嫌いではない。ただし、義の英雄という神話めいたイメージには端から懐疑的であった。

そもそも、謙信が実に11度にもわたって北陸へ攻め込み、越中や能登はおろか、加賀の北部エリア一帯までも版図《はんと》に組み込んでしまった結末は、ほとんど知られていないのではなかろうか。謙信の場合、家臣に指揮を任せた単なる軍勢の派遣ではなく、自ら兵を率いて国外へ赴く出陣が、その生涯で計40回ほどを数えるというから、ただただ驚くばかりだ。ほぼ絶え間なく戦いに身を投じ続けた生き様は、現代において「軍神」や「越後の龍（または虎、あるいは獅子）」などと称されるにふさわしい。

かような彼の戦歴の中で、約17回も攻めた関東に次いで多い出兵先こそ、ほかならぬ北陸なのだ。川中島合戦が有名な信濃（現長野県）でさえ、およそ9回の行軍にとどまる。さらには、謙信にとって最後の征旅となったのも北陸であった。

上杉謙信公像・秋葉公園（現新潟県長岡市）

春日山城跡（現新潟県上越市）

北陸側の視点から

　藤木久志氏の研究によれば、北陸への出兵は、半分くらいが稲刈りのシーズンで、ほかは春夏の短期決戦が多く、北信濃や北陸など国境を越えてすぐの近い戦場では、ほとんど作荒らしか収穫狙いの短期決戦だったという。つまり、謙信は「義のための戦争」をしたのではなく「食うための戦争」を行ったと断じるのだ。われわれ現代人の謙信イメージを１８０度くつがえすショッキングな見解であった。

　筆者としては、謙信という人物に大きな興味を覚えるからこそ、その実像にできる限り迫りたいと思う。ただし、本書では彼の生涯の全貌に迫るのではなく、あえて謙信の北陸進攻にスポットを当て、信頼しうる同時代史料に拠《よ》りながら、最新の研究成果も取り入れつつ、その実態をひもときたい。なぜならば、義の武将という謙信像を、北陸側の視点から捉えなおすことができると考えるからだ。

　なお、かつて「ほくろく」と読んだ北陸は、もともと古代の北陸道諸国に由来する。したがって、越後や佐渡、越前や若狭も指す地域の呼び名であるため、細かく言えば現在の新潟県や福井県も含む。ただし、本書では主に加越能３カ国（加賀・越中・能登、現石川・富山両県）の意味で用いることをご了承願えればと思う。

目次

装画　上杉謙信像（一般財団法人太陽コレクション蔵）

第1章

襲来前夜

天文22年（1553）

1　初の上洛は加賀を経由　北陸一向一揆勢も支援

弱冠24歳

上杉謙信は、大河ドラマの中で必ずイケメン俳優によって、義を貫く英雄として演じられている。例えば、古くは石坂浩二（「天と地と」）や柴田恭兵（「武田信玄」）、近年ではＧＡＣＫＴ（「風林火山」）や阿部寛（「天地人」）らだ。また、戦国最強の武将といえば誰かと聞かれたら、好むと好まざるとにかかわらず、たくさんの人が謙信と応じるにちがいない。かくいう筆者もその一人である。そもそも確かな答えを導き出せるものではないが、何よりも義を重んじた武将といえば誰かと問いを変えると、より多くの方々が謙信の名を思い浮かべるのではなかろうか。

そのような謙信が北陸と何らかの関わりを初めて示すのは、そもそもいつ頃なのだろうか。もちろん、同時代史料で確認できないからといって、一切それまで関わりが無かったと捉えるのは、いささか暴論にすぎようが、その始まりをたどってみると、襲来とは異なるあり方が浮かび上がってくる。

天文《てんぶん》22年（1553）の秋、謙信は初めての上洛を果たした（「上杉家文書」など）。まだ長尾《ながお》景虎《かげとら》と名乗っていた弱冠24歳の時のことである（以下、本文中の表記は上杉謙信で原則統一）。本拠の春日山城（現新潟県上越市）

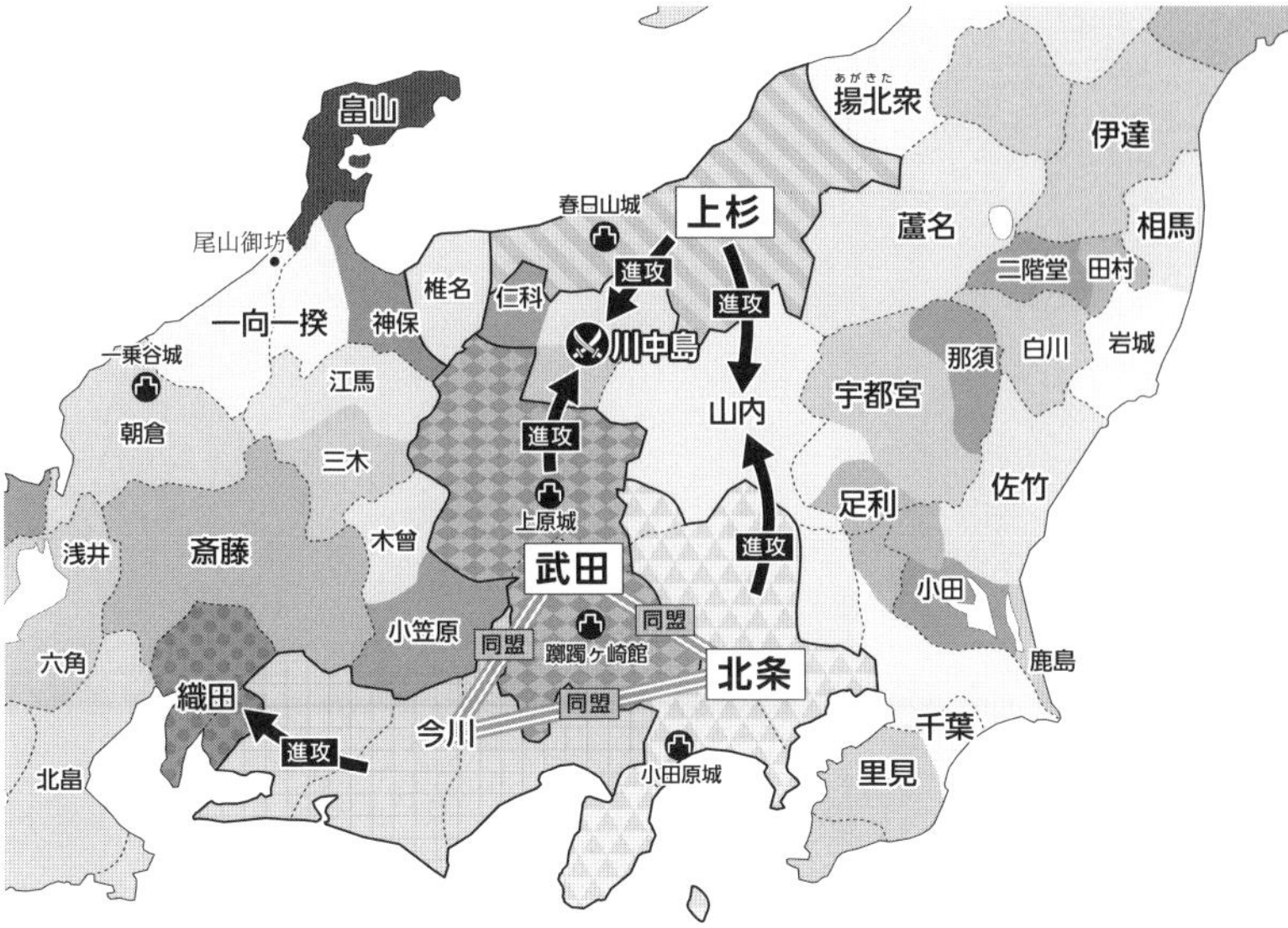

天文22年（1553）頃の勢力図。ただし、武田・北条・今川の三国同盟は天文23年

から京へ向かう経路は、越後を南下して信濃（現長野県）へ入り東山道《とうさんどう》（後の中山道《なかせんどう》）を通るか、北陸道を日本海沿いに西へ進むか、いずれかであろう。ここで注目されるのが、明くる年の3月に謙信の家臣が本誓寺《ほんせいじ》（現上越市）の超賢《ちょうけん》という僧へ宛てた手紙だ（「本誓寺文書」）。

本誓寺が道案内

その文中で「去る年景虎上洛《じょうらく》の刻《きざみ》、三国《みくに》において面談を遂げ、種々《しゅじゅ》の御懇意《ごこんい》、本望至極《ほんもうしごく》に存じ候《そうろう》、殊《こと》に賀《が》州上下《しゅうのぼりくだり》の路次《ろじ》伝《づた》い、相違《そうい》無く御案内者を成《な》され候《そうろう》」と述べられている。つまり、謙信が加賀国内を行き来するにあたって、本誓寺が道案内を務めたらしく、謙信は三国（現福井県坂井市）で超賢と会い、その尽力に謝意を伝えたというのだ。よって、北陸道ルートを経たことが判明する。越後から越中、加賀、越前（現福井県東部）、近江（現滋賀県）を通ったのだろう。

この上洛こそ、謙信が北陸の地を訪れる初の機会となった。ちなみに、三国湊《みくにみなと》は古代以来つづく日本海側

本誓寺（現新潟県上越市）

尾山御坊跡（金沢城公園内極楽橋、現石川県金沢市）

有数の港町であり、金津《かなづ》（現福井県あわら市）を通る北陸道からは離れている。だとすると、謙信は陸路だけでなく海路も用いて上洛した可能性が高い。

真宗のネットワーク

　一方の本誓寺は、信濃笠原（現長野県中野市）にあった浄土真宗の寺院で、当時は笠原御坊とも呼ばれていた。先の手紙からは、その本誓寺の取り成しによって「賀州小山《おやま》の御坊主様」、すなわち、加賀一向一揆勢力の本拠である尾山御坊《おやまごぼう》（金沢御堂《みどう》、現石川県金沢市）の指導者たちが、謙信の上洛に協力していた事実も読み取ることができる。思うに、謙信は本誓寺がもつ浄土真宗のネットワークに目を付けたのかもしれない。なお、瑞泉寺《ずいせんじ》（現富山県南砺市）や勝興寺《しょうこうじ》（当時は富山県小矢部市、現富山県高岡市）を中心とする越中一向一揆勢も、同じように謙信の通行を支援していたと考えられる。

　謙信の祖父能景《よしかげ》の代以来、対立関係にあったとみられる北陸の一向一揆勢力だが、この時の謙信にとっては攻撃すべき対象ではなかった。むしろ友好関係にあったといえるだろう。しかし両者は、謙信の上洛からわずか7年後に袂《たもと》を分かつ。そして、十数年の長きにわたる対立へと舵を切っていくことになるのだが、それはまだ先の話である。

2 京へ赴く根回し入念に　越前朝倉氏にも便り

天文21年（1552）

乱世の緊迫感

天文《てんぶん》22年（1553）に上杉謙信は、本国の越後から北陸道ルートで越中、加賀、越前（現福井県東部）を通り、時に船による移動も伴いつつ、京へ向かった。ここで遅まきながら簡単に、上洛に至るまでの彼のキャリアを述べておこう。

謙信は、享禄《きょうろく》3年（1530）の正月21日に越後守護代をつとめる長尾為景《ためかげ》の三男として生まれ、虎千代《とらちよ》と名づけられた。なお、誕生日や幼名は、元禄《げんろく》9年（1696）に米沢藩（上杉家）がまとめた『謙信公御年譜《ごねんぷ》』に記されたもので、確かな情報かは分からない。ただし、江戸時代中期には、上杉家お

伝長尾為景塚（現富山県砺波市）

一乗谷朝倉氏遺跡（現福井市）

墨付きの説として広く信じられていたことは間違いなかろう。

天文10年12月24日、謙信12歳の頃、父の為景がこの世を去る（「越後過去名簿」）。のちに自らの半生を語った書状によれば、敵兵が迫る危険の中、甲冑《かっちゅう》を身にまとい、亡き父の葬儀へ臨んだという（「歴代古案《れきだいこあん》巻五所収文書」）。まさしく、若かりし謙信が体験した乱世の緊迫感ただようエピソードである。越後北部の領主たちの一部は反長尾方であり、彼らと一触即発の状況が続いていたからだろう。

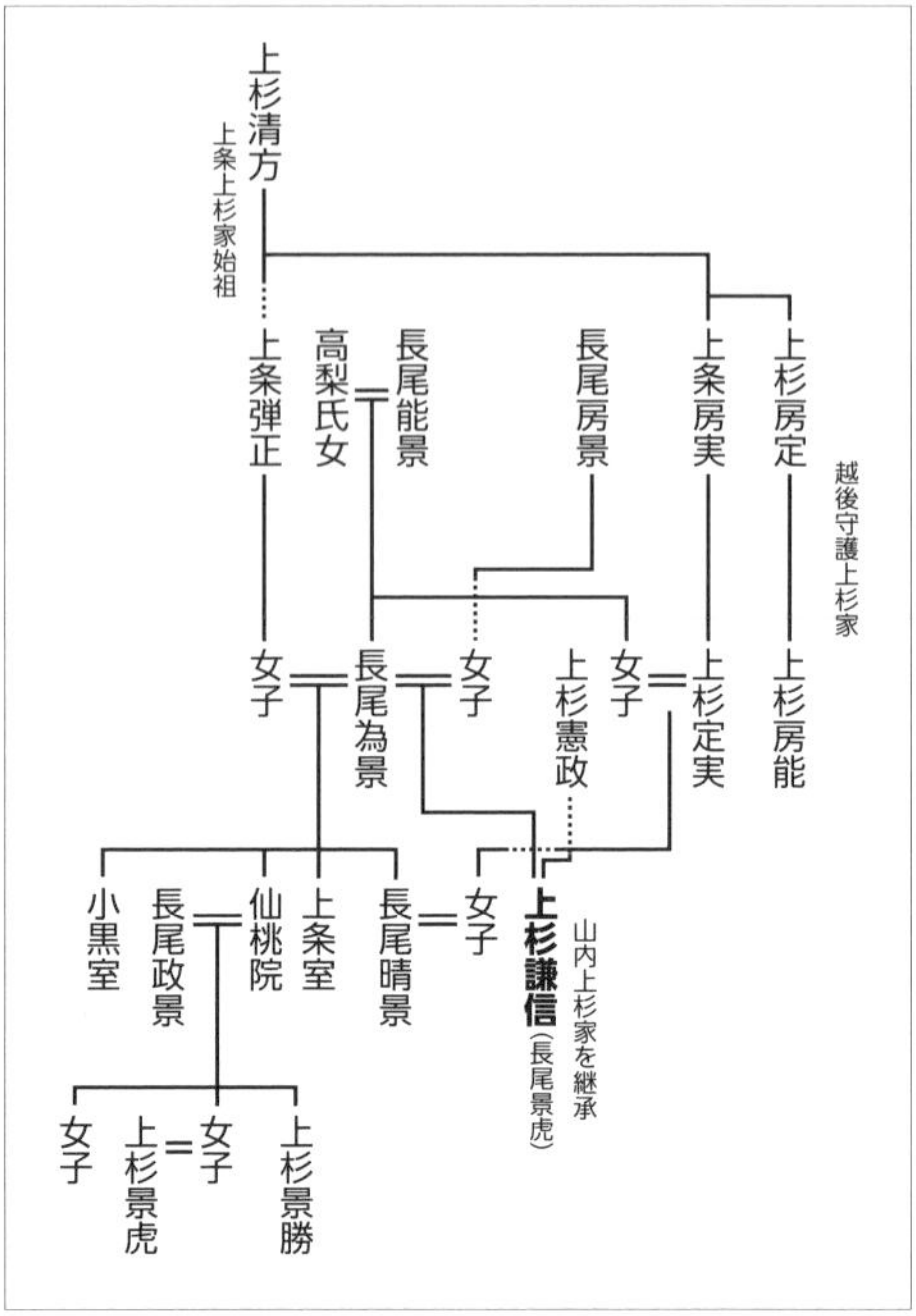

上杉氏略系図

その後、謙信は元服《げんぷく》して（時期は不明）名を平三景虎《へいぞうかげとら》と改めた（「反町英作氏所蔵文書」）。天文17年の大晦日には、越後守護の上杉定実《さだざね》の命令によって、病弱ながら父の跡を継いでいた兄の晴景《はるかげ》に代わり、長尾家当主の座につく（「別本歴代古案十四所収文書」）。また、同19年2月に定実が男子を持たぬまま没したことをうけ、越後国主としての役割も担う。だが、守護ではない謙信に従おうとしない者も少なくない。そこで謙信が目をつけたのは、中央の権威を背にすることであった。

御礼のあいさつ

さっそく同じ天文19年2月末に、室町幕府から白傘袋《しろかさぶくろ》と毛氈鞍覆《もうせんくらおおい》の使用を許されている。これらは、いずれも守護クラスの武将に認められるものだ。さらには天文21年5月までに、朝廷より弾正少弼《だんじょうしょうひつ》に任じられた。正式な官職を賜るのは、国持《くにもち》レベルの大名にほぼ限られる。もちろん、これらのステータスを得ることは無償ではない。幕府へは銭3万文と太刀1腰を献じた（「上杉家文書」）。小島道裕氏の研究に基づき1文＝1ドルで換算すれば、令和元年（2019）5月1日の貨幣レートで約330万円に相当する。つまり、朝廷に対しても相応の金品を納めたのだ。今回の上洛も、御礼のあいさつが主な目的と考えられる。

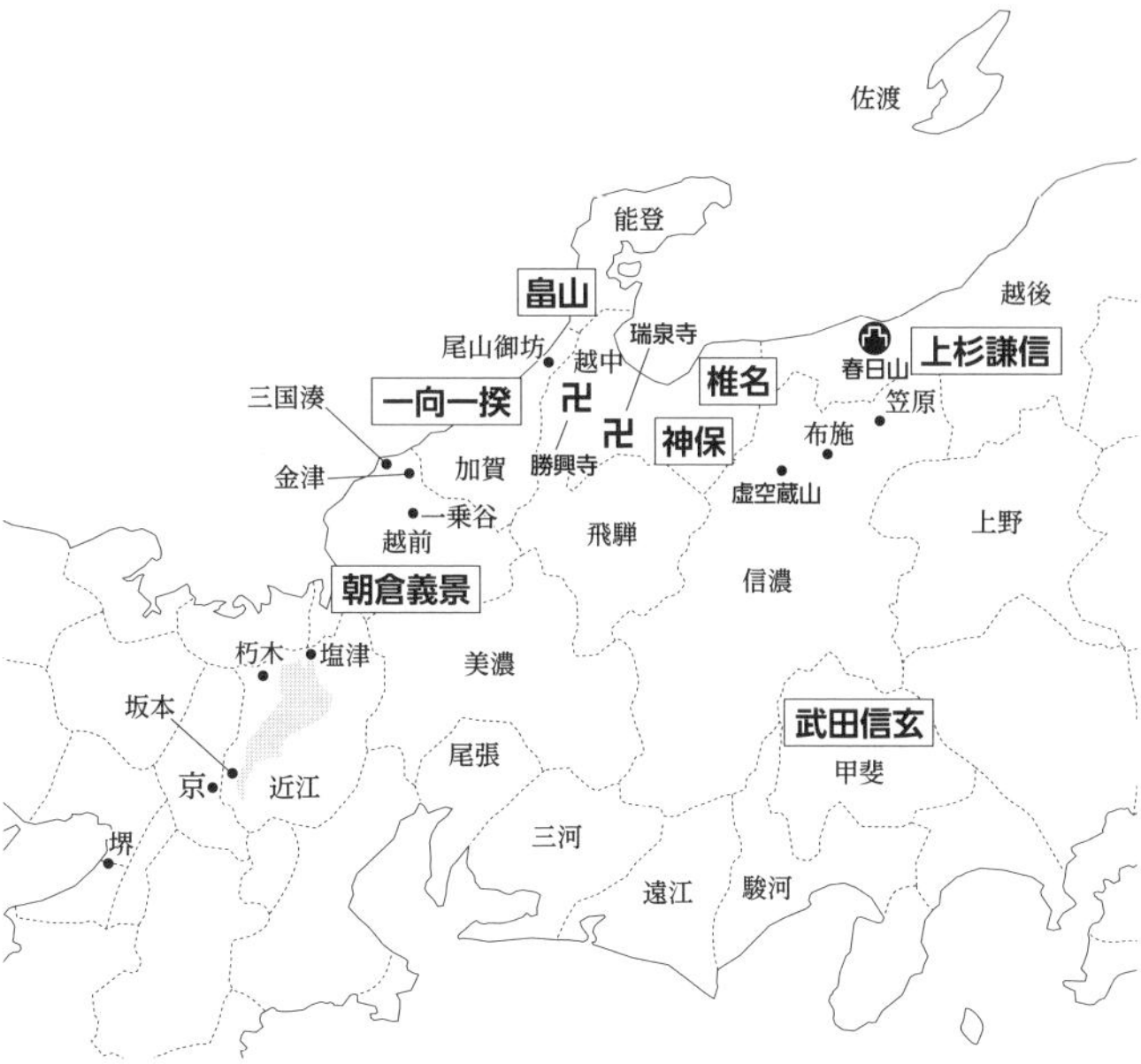

謙信上洛関連地図

興味深いのは、謙信が京へ赴く前年6月に、一乗谷《いちじょうだに》（現福井市）を本拠とする越前の大名である朝倉氏へ初めて文《ふみ》を出していることだ。重臣朝倉宗滴《そうてき》の返書（「上杉家文書」）には「未だにやりとりが無かったところ、あなた（謙信）の方からお手紙をいただき、うれしく思います。父である為景殿とは親しくしていたものの、亡くなられてからはすっかり無沙汰になってしまいました。今後は昔のように懇《ねんご》ろでありたいものです」のような意が述べられている。どうも、かつては親しかった上杉と朝倉は、全くの没交渉の状態に陥っていたらしい。

おそらく謙信は、朝倉氏のテリトリーを通って上洛すると見越し、疎遠になっていた関係を脱しようと試みたのではないか。少なくとも、先にみた加賀一向一揆を束ねる尾山御坊《おやまごぼう》（金沢御堂《みどう》、現石川県金沢市）への入念な根回しにも、そのような思惑が透けて見える。いかにも大胆不敵な性格と捉えられがちだが、実は用意周到な人物だったと筆者は感じてならない。

3 信玄背にルート選定　大徳寺で禅の悟り

天文22年（1553）

第1次川中島合戦

室町幕府や守護、朝廷など中央の権威を重んじた上杉謙信。天文《てんぶん》22年（1553）の北陸道を経た上洛は、将軍や天皇にあいさつするのが表立った目的とみてよいが、他にも何か狙いは隠されていないだろうか。

実は上洛に乗り出す直前、謙信を取り巻く環境は予断を許さぬものであった。同年7月、甲斐《かい》（現山梨県）の武田信玄が隣国の信濃（現長野県）へ攻め込んできたのだ（『高白斎記《こうはくさいき》』）。信濃の武士たちから助けを求められた謙信もまた、兵を進めた結果、翌8月に両軍は布施（現長野市）で刃を交わす（「大須賀家文書」）。近辺のエリアは川中島と呼ばれており、この戦いこそ、世にいう第1次川中島合戦だ。かくして、長きにわたる宿敵信玄との火ぶたが切られた。

　謙信はその後、9月4日に虚空蔵《こくぞう》山（現長野県松本市）を敵から奪い返し、同月20日までに兵を退く（『高白斎記』）。その後、遅くとも11月13日には京へ入っていることから（『天文日記』）、越後へ戻った後、ほどなく京へ向かったとみてよい。そのルートに北陸を選んだ裏には、かような信玄を背にした熟慮があったのだろう。

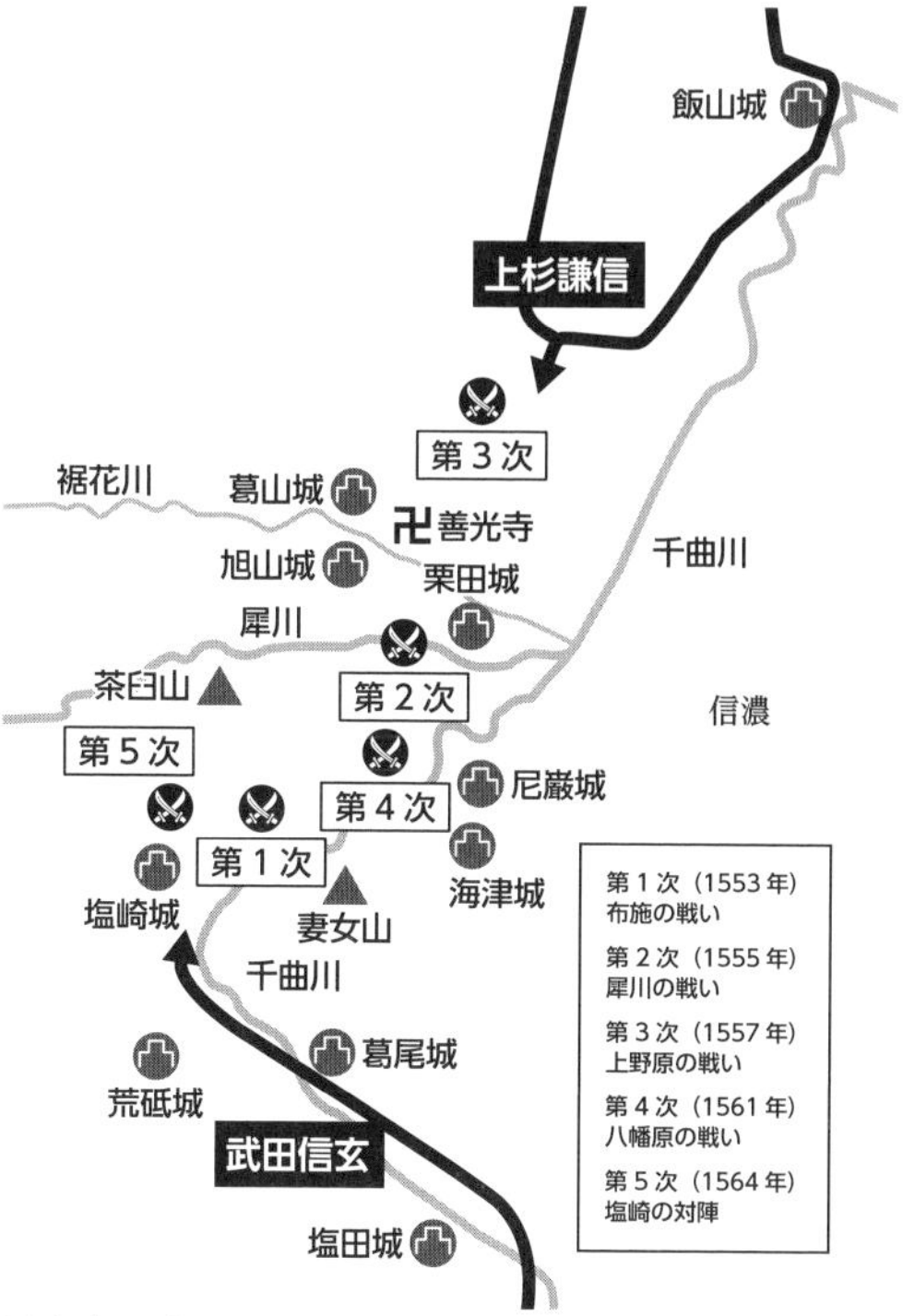

川中島の戦い

治罰綸旨

　上洛を果たした謙信だったが、三好長慶《ながよし》との争いに敗れて京から朽木《くつき》（現滋賀県高島市）へ落ち延びていた将軍足利義輝《よしてる》とは対面できなかった。一方で、「上杉家文書」によれば、後奈良《ごなら》天皇には謁見が叶って剣と盃を賜り、朝廷のために「別して奉公いたし候」（とりたてて忠義に励む）と述べている。そして、研究者の間で「治罰綸旨《ちばつりんじ》」と呼ばれる文書を与えられた。池上裕子《ひろこ》氏の研究に基づくと、その綸旨は、謙信が住国《じゅうこく》（越後）と隣国（信濃）の敵を討ったことを祝うとともに、さらなる奉公に務めるよう求めたものであって、今後、住国と隣国の敵を討つよう命じたものではない。ただし、謙信にとってはそれだけでも大いに面目をほどこし、越後国内で自らのポジションを強めることができたという。

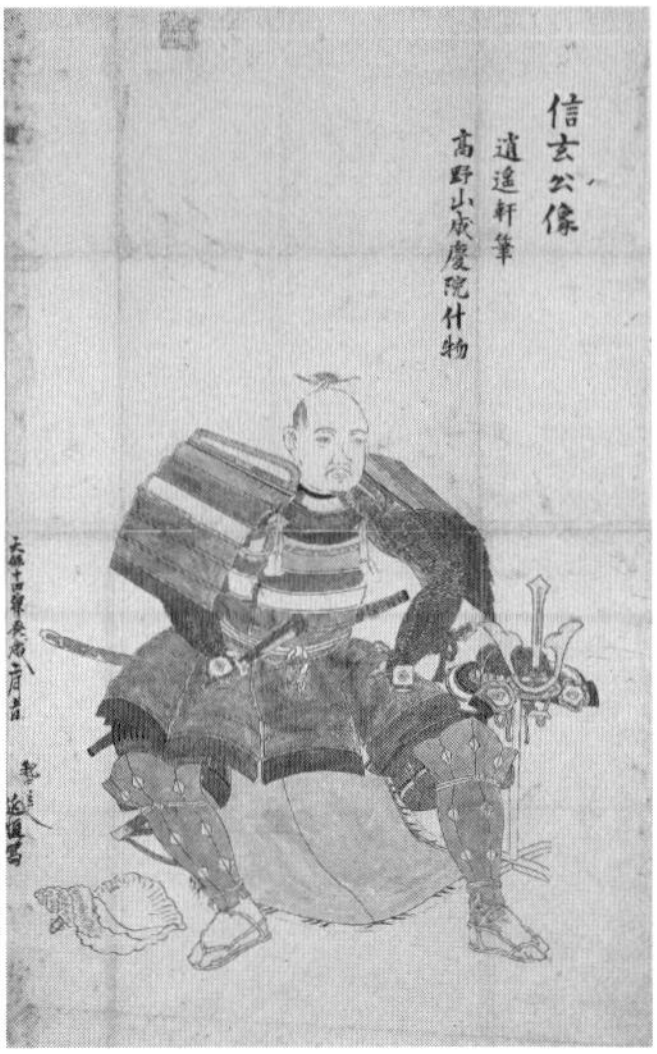

木村立嶽模写 武田信玄像
（富山市郷土博物館蔵）

また、翌11月には堺（現大阪府堺市）まで足を伸ばした（『天文日記』）。当時の堺は、異国船も出入りする国際貿易港であり、そのような町を見ておく意図を持っていたのだろう。12月8日には、臨済宗の名刹大徳寺（現京都市）へ赴き、先代の住持であった徹岫宗九《てっしゅうそうきゅう》より、僧侶が身にまとう袈裟《けさ》を賜るとともに、五戒《ごかい》、さらには宗心《そうしん》という法号を授かった（「上杉神社所蔵文書」）。あまり知られていないが、これ以降、謙信は長尾景虎あらため、長尾宗心の名を用いていく。

布施の戦い跡（現長野市）

禁酒の誓い

ちなみに五戒とは、不殺生戒《ふせっしょうかい》（殺《あや》めず）、不偸盗戒《ふちゅうとうかい》（盗まず）、不邪淫戒《ふじゃいんかい》（犯さず）、不妄語戒《ふもうごかい》（騙《だま》さず）、不飲酒戒《ふおんじゅかい》（酒を口にせず）を指す。ただし、謙信が大のアルコール好きだったことはよく知られており、はたして禁酒の誓いは守れたのであろうか。晩酌をほぼ欠かさない筆者などは、週1日のノンアルコールデーを続けるのがせいぜいである。それに謙信は、戦国の世を生きる者である以上、殺生とも決して無縁ではいられない。ともあれ、信心深かったと伝えられる彼ならではの誓いと評せよう。

なお、謙信がいつ京を離れたかだが、12月下旬頃には帰国の途につくと、家臣が報じている（「反町英作氏所蔵文書」）。よって、遅くとも年明けには春日山城へ凱旋したと考えられ、およそ3カ月にわたる在京であった。後年に謙信は、今回の上洛を「物詣《ぶっけい》」（社寺にもうでること）と振り返っている（「歴代古案《れきだいこあん》巻五所収文書」）。彼の弁を信じれば、大徳寺で禅の悟りを開くことこそ、意外に真の目的だったのかもしれない。

4 2度も隠居を望み出奔 慰留に応じて復帰

天文23年（1554）・弘治2年（1556）

25歳の引退未遂

天文《てんぶん》22年（1553）の在京中に大徳寺（現京都市）の門をたたき、宗心《そうしん》の法号まで授かった上杉謙信。ところが、越後へ帰った後ほどなく、隠居を宣言する騒ぎを起こす。このあまり知られていないエピソードについて、当時の北陸情勢と合わせて押さえておこう。

翌23年3月に、なぜか謙信はいきなり当主の座を離れると言い出し、政務がストップする状況に陥った（「反町英作氏所蔵文書」）。まだ25歳の若さである。この時の詳細はよく分からないが、ひとまず引退は未遂に終わったらしい。けれども、早くも2年後の弘治《こうじ》2年（1556）6月、再び隠居の意志を示して、なんと今度は出奔《しゅっぽん》してしまったのだ。彼の言い分では、家臣たちが争ってばかりで嫌気が差したという（『歴代古案《れきだいこあん》巻五所収文書』）。謙信が行き着いた先は、親しくする領主も多い北信濃（現長野県北部、北信地方）ではないかと筆者は憶測するが、越中や能登など北陸の可能性も捨てきれない。のちに詳しくふれるが、越中には椎名《しいな》氏、能登には畠山氏という、父祖の代より親しい同盟勢力がいたからである。

なんとか元の鞘

それはさておき、遠く他国へ退いていた弘治2年8月に、一族筆頭の長尾政景《まさかげ》を中心とする家臣たちが、必死の慰留を試みた。これにやむなく応じるかたちで謙信は春日山城（現新潟県上越市）へ帰り、名乗りも景虎に戻している（『上杉家文書』）。なんとか元の鞘《さや》に収まったのだ。一連の隠居騒動は、仏道に専念したかったためとも、家臣の結束を図るべく行ったパフォーマンスとも考えられているが、その真相は謙信のみぞ知るといったところか。いずれにせよ、現代風にいえば、完全な職場放棄をやってのける人物であった事実は興味深い。

時を戻そう。天文23年8月、諸国の一向一揆勢力を統《す》べる大坂本願寺（現大阪市）の証如《しょうにょ》が病で没し、その子顕如《けんにょ》が新たな門主《もんしゅ》となった。門主の代替わりによって北陸一向一揆勢の間には、少なからぬ動揺が走ったにちがいない。それを好機とみたのか、翌年7月に加賀へ攻め込んだのが越前（現福井県東部）の大名である朝倉義景《よしかげ》だ（『私心記《ししんき》』）。謙信からすれば、先の上洛にあたって道中の安全を確たるものとすべく誼《よしみ》を通じた両勢力が、よりにもよって戦端を開いたのである。

大坂本願寺跡（現大阪市）

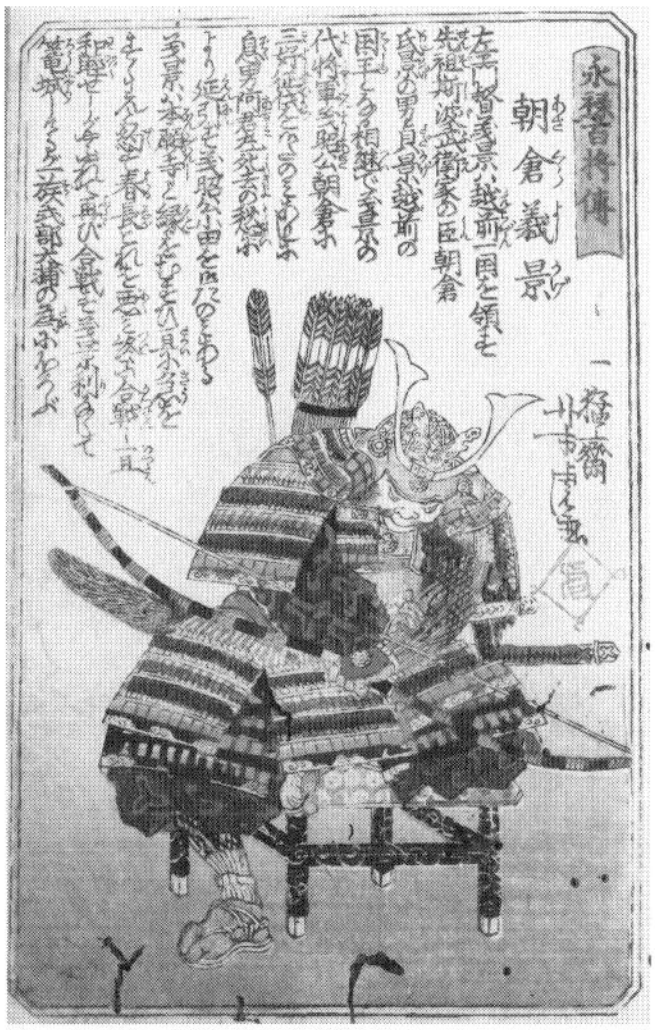

永禄百将伝　朝倉義景
（富山市郷土博物館蔵）

朝倉方と気脈

謙信がどちらに与《くみ》したかといえば、「景虎、能州の（畠山）左衛門佐《さえもんのすけ》義続《つぐ》に通達し、越前の朝倉左衛門督《さえもんのかみ》義景に申し合わす」（「真宗寺所蔵反古裏文書」）とあり、能登を治めていた畠山義続へ戦況を伝えるとともに、朝倉方と気脈を通じたという。だとすると、おのずと一向一揆方との仲は親しさを欠くようになったと捉えてよい。

朝倉氏の重臣朝倉宗滴《そうてき》が謙信の側近へ報じた手紙（「宗滴夜話《そうてきやわ》所収文書」）によると、7月21日に本拠の一乗谷《いちじょうだに》（現福井市）を出た朝倉軍は、金津《かなづ》（現福井県あわら市）に陣を布き、大聖寺《だいしょうじ》城、千束《せんぞく》城、南郷《なんごう》城（いずれも現石川県加賀市）などに攻勢をかけた。対する一向一揆勢も精鋭を投じ、激しく競り合っている。

結局、両軍は9月に将軍足利義輝《よしてる》の勧めで和を結んだが、当の謙信はというと、この間ずっと信濃の善光寺《ぜんこうじ》平《だいら》（現長野市）へ出陣していた（『勝山記』）。いわゆる第2次川中島合戦だ。北陸へ兵を送る直接のきっかけは、いま見た加賀と越前の戦いではなく、それと微妙にかかわる能登畠山氏で起こった内乱にあった。謙信軍の襲来はまもなくである。

5　富山湾を渡海して能登へ　畠山氏の内乱に介入

弘治3年（1557）

七人衆の対立

天文《てんぶん》22年（1553）の10月頃から年末にかけて、上杉謙信は上洛していた。彼が越後への帰途についた頃、能登半島では思いがけない争いが巻き起こる。実はこれが、謙信軍の北陸襲来につながる引き金となっていく。

当時の能登国を治めていたのは、七尾城（現石川県七尾市）を本拠とする守護家の能登畠山氏である。だが、実際に政務の主導権を握っていたのは七人衆と称される7名の重臣たちで、その彼らも温井《ぬくい》総貞《ふささだ》派と遊佐《ゆさ》続《つぐ》光《みつ》派に分かれて互いに対立を深めていた。そして同年12月、ついに遊佐派の一党は蜂起し、畠山家臣団を二分する内乱が始まる。遊佐方は、七尾城から3里ばかりの大槻（現石川県中能登町）に陣取り、27日に両派は激突した（「雑録追加所収文書」）。

温井方に苦戦を強いられた遊佐続光は、田鶴浜《たつるはま》（現七尾市）に構えていた自らの陣に火を放ち、加賀、さらには越前（現福井県東部）へと落ち延びる（「栗棘庵《りっきょくあん》文書」）。朝倉氏を頼ろうとしたのだろうか。タイミング的には、ちょうど京から戻る途中の謙信とどこかですれちがっていたかもしれない。それはともかく、自ら城

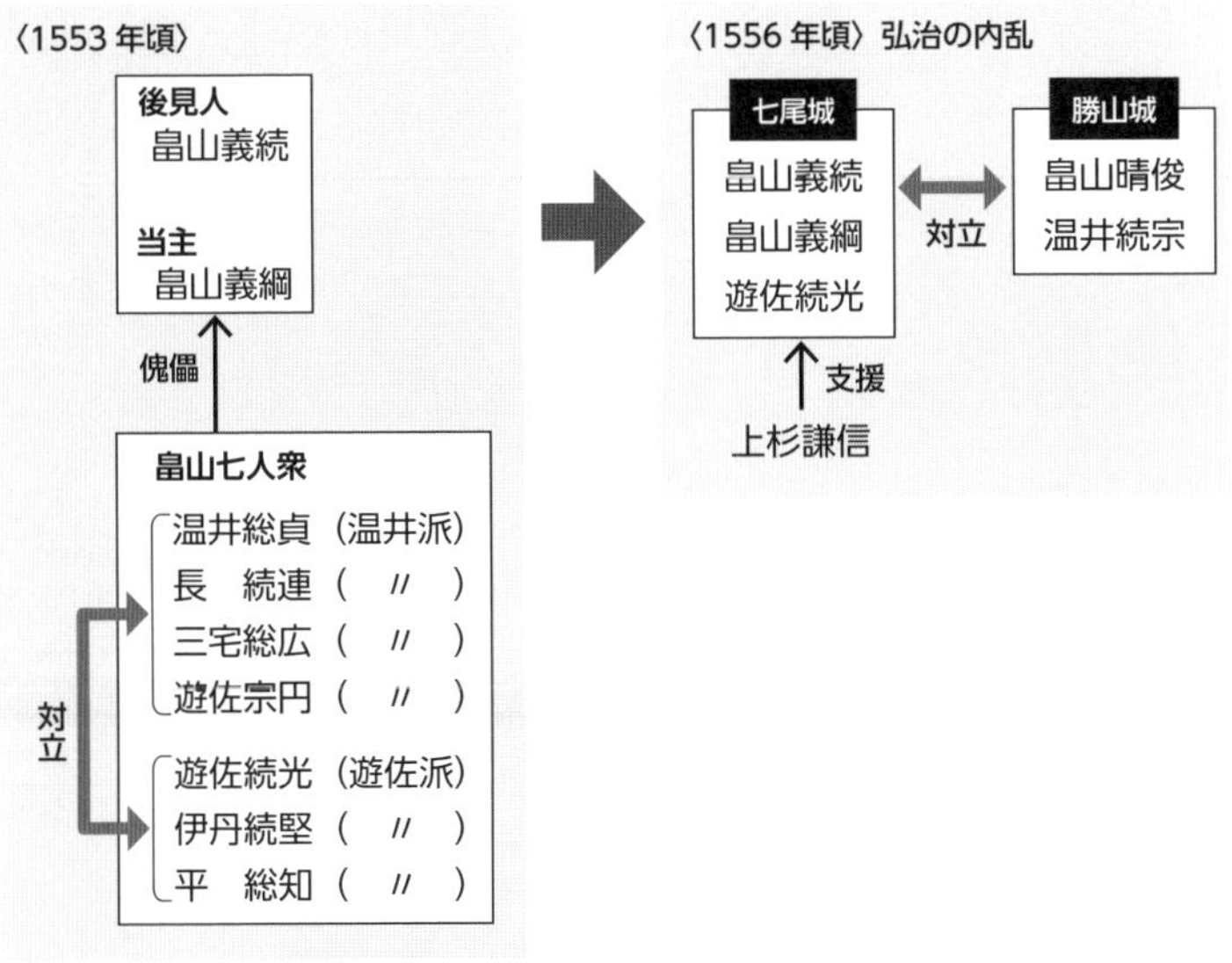

能登畠山氏の対立関係

や砦《とりで》を焼き払って行方をくらますことを「自焼没落《じしょうぼつらく》」と呼ぶ。中澤克昭氏の研究によれば、この行いはあくまで降参していないことを示す強い意思の表われなのだという。つまり、辛酸をなめた遊佐は、捲土重来《けんどちょうらい》を期したのである。

遊佐続光が返り咲くチャンスは、1年ばかりで訪れた。憎き敵である温井総貞が天文24年に没したのだ。これをうけて、能登畠山氏の若き当主義綱《よしつな》と後見役の実父義続《よしつぐ》らは、遊佐を免じて能登へ帰参させた。そのため、今度は一転して温井続宗《つぐむね》（総貞の嫡男）が出奔し、同年8月には再び「遊佐・温井執相《とりあい》」と評される事態を招く（「根岸文書」）。「執相」とは争乱を意味し、まさしく泥沼のお家騒動だ。弘治《こうじ》2年（1556）に、温井は畠山一族の晴俊《はるとし》を新たな当主に奉じて勝山《かつやま》城（現中能登町）へ入った。かくして、大名当主も巻き込んだ「弘治の内乱」と呼ばれる戦いの幕は上がる。

是々非々で臨む

ピンチに陥りつつあった七尾城の畠山義続が、翌弘

七尾城　遊佐屋敷跡（現石川県七尾市）

勝山城跡（現石川県中能登町）

治3年2月に遊佐続光を使者にたて、兵粮《ひょうろう》の支援や加勢などを申し入れた相手こそ、他ならぬ越後の謙信である（「能登国古文書所収文書」）。これは先に述べたように、両者が同盟関係だったからにちがいない。ところが謙信は、兵粮の提供については応じたものの、援軍の派遣に関しては、信濃攻めへ近く乗り出すことを理由に拒んだ（「上杉家文書」）。義を何より重んじる武将であれば、窮地に立つ盟友からの願いに応えて然るべきなのだが、優先順位を見極めつつ是々非々で臨むのが彼のポリシーだったとみてよい。

だが、背に腹は代えられぬ畠山義続。わずかな数でも構わないので何とか援軍を差し向けてほしいと重ねて頼み込む。2度の求めをうけて重い腰を上げた謙信は、内乱に介入するかたちで、八代俊盛《やしろとしもり》率いる一隊を能登へ送り込んだ（「歴代《れきだい》古案《こあん》巻八所収文書」）。史料では「渡海」と記されており、越後から富山湾を船で進んだと考えられる。これこそ、謙信の意をうけた兵団が初めて北陸へ押し寄せた瞬間であった。謙信じきじきのお出ましは、いま少し先である。

なお、ここで述べた遊佐続光だが、謙信と能登をつなぐキーマンの1人として、この後も何度か出てくると思う。読者の方々には、その名を頭の隅にでも置いておいてもらいたい。

6 「義」はスローガン？ 能登と信濃に温度差

弘治3年（1557）

越中へも内乱の余波

弘治《こうじ》3年（1557）7月、七尾城（現石川県七尾市）を本拠とする能登の大名畠山義綱《よしつな》、義続《よしつぐ》父子からの求めに応じるかたちで、上杉謙信は加勢を差し向ける。一方で、謙信率いる本隊は善光寺平《ぜんこうじだいら》（現長野盆地）へと進攻していた。これらの動きを詳しく追うと、当時の謙信が見せた能登と信濃（現長野県）への温度差が浮き彫りとなる。

去る6月には、湯山（現富山県氷見市）で畠山家中の対立に伴う小競り合いが起こっており（「三引文書」）、能登はおろか越中へも内乱の余波が及びつつあった。さらなる戦火の広がりを防ぐため、援軍として遣わされたのが八代俊盛《やしろとしもり》なる人物だ。実のところ彼は、射水《いみず》郡八代保《やしろのほう》（現氷見市）を本拠とする武士であり、謙信の盟友で越中東部の新川《にいかわ》郡を治める椎名《しいな》氏に属している。そのためか、あらかじめ出陣の期間も決められていたらしい。しかし畠山義続側は、戦いの最中に帰られては困るとのことで、椎名氏に八代を説き伏せてもらっている（「歴代古案《れきだいこあん》巻八所収文書」）。謙信が当初は加勢を渋っていた話や、あえて直臣を投じなかった事実もふまえると、端から能登への支援に乗り気では無かったといえるだろう。

湯山城跡（現富山県氷見市）

永禄百将伝　足利義輝
（富山市郷土博物館蔵）

第3次の川中島

かたや信濃へは、「義を以《もっ》て不義を誅《ちゅう》す」と力強く神仏に誓って、兵を進めた（「小菅《こすげ》神社文書」）。謙信方につく信濃の武士たちを脅かす武田信玄を不義と断じて、成敗に乗り出したのだ。とはいえ、謙信は義を第一に重んじたからではなく、むしろ戦いに臨む家臣たちの士気を高めるべく、わざと「義のための戦い」を掲げたと説く研究者も多い。かくいう筆者も同感である。それだけ信玄を強敵と見なしていたと考えられ、能登の方へ主力を割くわけにはいかなかったのだ。謙信の義を、いわばスローガンと捉えなおすことで、この後に繰り返されていく北陸襲来も理解しやすくなると思う。

当の謙信だが、弘治3年4月から8月にかけて善光寺平の各地で武田方と交戦し、この後ほどなく兵を退いている（「反町英作氏所蔵文書」など）。いわゆる第3次の川中島合戦だ。ちょうど裏で、室町将軍の足利義輝《よしてる》が信玄と和睦するように求めており（「大館記《おおだちき》紙背《しはい》文書」）、謙信は忖度《そんたく》したのかもしれない。片桐昭彦氏の研究によれば、それまで信濃の武士たちを助ける名目で兵を進めていたが、第3次を境として彼らを完全に指揮下へ取り込み、飯山城（現長野県飯山市）と野尻城（現長野県信濃町）を拠点に、北信濃エリアを支配下に組み入れてしまったという。まさしく、義にかこつけて領土を広げていったのだ。

話を能登に戻すと、翌永禄《えいろく》元年（1558）に畠山義続方は、勝山城（現石川県中能登町）を攻め落とし、目の敵《かたき》である畠山晴俊《はるとし》と温井続宗《ぬくいつぐむね》らを死に追いやった。その後もしばらく残党の抵抗は続くものの、ひとまず大勢は決したといってよい。このように能登の内乱が鎮まりつつあった中、翌永禄2年に謙信は2度目の上洛へと向かう。そして、奇《く》しくも謙信と同じ年に京へ赴いた戦国武将がもう1人いた。

7 信長とニアミスの上洛　将軍義輝と初対面

永禄2年（1559）

2度目の在京

上杉謙信と織田信長。並み居る戦国武将の中でも屈指の人気を誇る2人であることは、読者の方々もよくご存じだろう。天正《てんしょう》5年（1577）の手取川《てどりがわ》（現石川県白山市）にて、戦国北陸の覇者を決する戦いに臨んだと伝わる両雄だが、実は同じ永禄《えいろく》2年（1559）に上洛したという不思議な共通点を持つ。謙信30歳、信長26歳の時である。

足利義輝邸跡（現京都市）

太平記英勇伝　織田信長
(富山市郷土博物館蔵)

ひと足はやく、この年の2月に京へやって来たのは信長だ。その姿を近くで見たであろう公家の日記『言継卿記《ときつぐきょうき》』は「尾州《びしゅう》より織田上総介《かずさのすけ》上洛すと云々《うんぬん》、五百計《ばか》りと云々、異形《いぎょう》の者多しと云々」と記す。信長は尾張国（現愛知県西部）から、怪しげな出で立ちをした者が大半の500人ほどを引き連れてきたという。桶狭間《おけはざま》の戦いの前年でもあり、いまだ京では名もあまり知られていない中での上洛であった。だが、どうも国元の政情不安で短期間で帰ったようだ。

一方、謙信にとって2度目の在京は約3カ月に及ぶ。謙信は4月21日頃に坂本（現滋賀県大津市）の舟渡し場へ着いている（「上杉家文書」）。おそらくは塩津（現滋賀県長浜市）から琵琶湖の水運を用いたと考えられ、天文《てんぶん》22年（1553）に初めて上洛した時と同じく、越後から越中、加賀、越前（現福井県東部）、近江（現滋賀県）を通る北陸道ルートを用いた可能性が高かろう。タイミング的には信長とニアミスである。翌5月に謙信は、土御門《つちみかど》東洞院《ひがしのとういん》（現京都市）に構えられていた正親町《おおぎまち》天皇の御所を見物した後、朝廷から盃を賜った。かつて後奈良《ごなら》天皇より授かったのに続く厚いもてなしといえる。

ちなみに、谷口克広氏の研究に基づくと、謙信と信長の交流は永禄7年以降に見られるようになるという。だとすると、この段階での両者は、互いにその名を知っていた程度ではなかろうか。

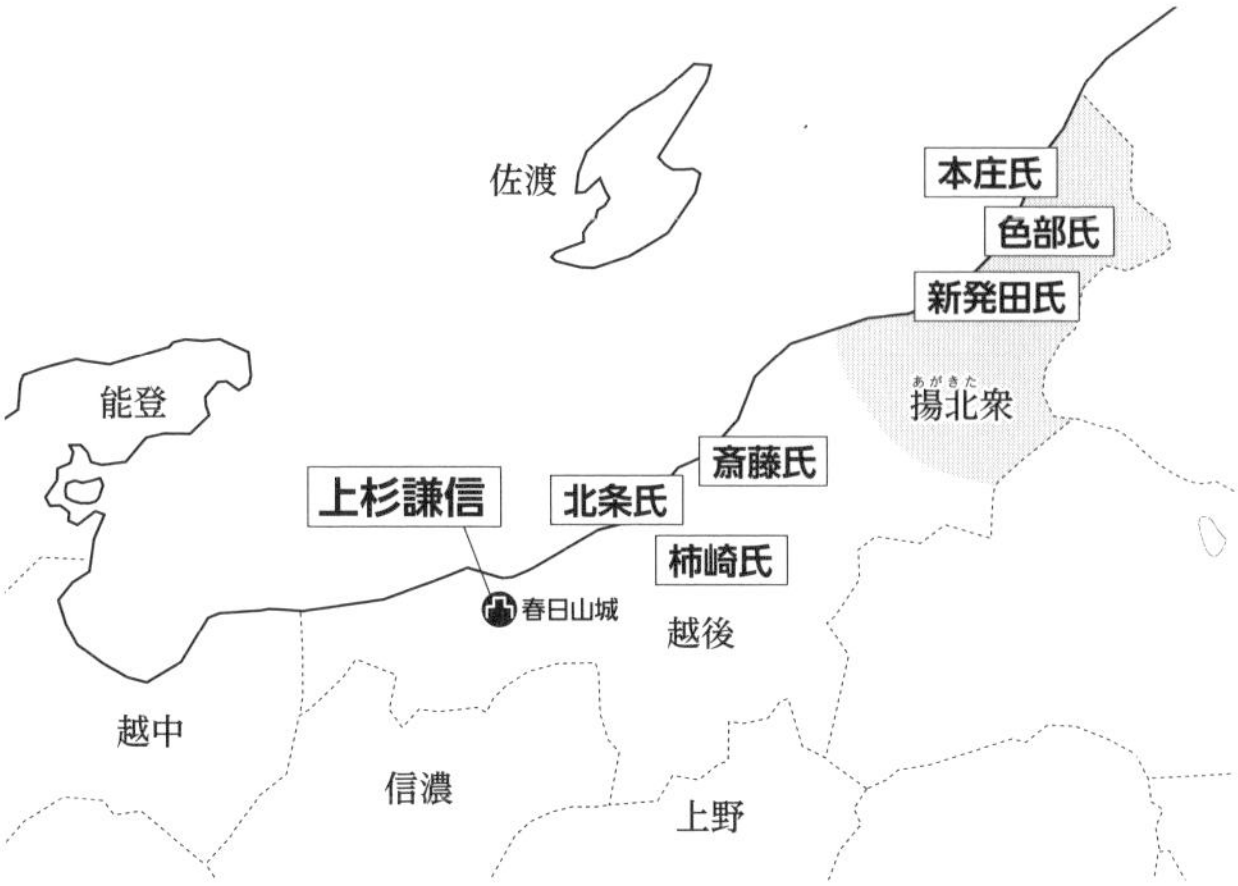

主な越後国人領主

足利一門に準じる

謙信にとって上洛の目的は、果たしていなかった将軍義輝《よしてる》へのあいさつだったらしい（『厳助往年記《げんじょおうねんき》』）。今回晴れて義輝と顔を会わせた謙信は、室町幕府の有力大名がなる御相伴衆《ごしょうばんしゅう》のメンバーに加えられ、さらには足利一門に準じる家格も認められた。越後国内では並ぶ者のない地位に昇りつめたのである。かかる破格の厚遇に対して、「国を失い候《そうろう》とも、是非《ぜひ》に忠節を抽《ぬき》んずべし」と述べ、義輝様のためならば自らの領地を失うことも厭《いと》わない覚悟を示す（「上杉家文書」）。それが本心か、リップサービスなのかは定かでない。

束の間だった信長の上洛に収穫は乏しかったとみられるが、かたや謙信が手にした成果は大きい。矢田俊文氏の研究によれば、義輝より与えられた様々なステータスによって、北条高広《きたじょうたかひろ》、斎藤朝信《とものぶ》、柿崎景家《かげいえ》ら独立性の強い越後の武士たちがひれ伏すことにつながったという。また、ライバル武田信玄が守護に任じられていた信濃（現長野県）に関しても、同国内の領主たちの扱いについて義輝から一任を取り付け、信濃を奪い返す糸口をつかんだ。さらには、失脚して越後へ落ち延びていた関東管領《かんれい》の上杉憲政《のりまさ》が復権できるよう助けることも申し付けられている。つまり、これらの命令によって、信濃や関東などの他国へ堂々と兵を進める大義名分を得たのだ。たしかに、その意味で謙信は筋目を重んじる武将だったといえようか。

河田長親と鰺坂長実

なお、この2度目の上洛中に謙信は、後に重臣として権力をふるうことになる人物をスカウトしたと伝わる（『謙信公御年譜《ごねんぷ》』）。河田長親《かわだながちか》と鰺坂長実《あじさかながざね》だ。両者ともに、筆者と同じ近江の生まれで、勝手に親近感が湧いているのは措《お》くとして、譜代たちが幅を利かす謙信家臣団にあって、全くの新参者と捉えてよい。河田と鰺坂に共通する「長」の字は、謙信がお気に入りの家臣へ好んで与えた名である。まさに秘蔵っ子たちだ。そのような外様《とざま》の彼らが北陸支配の要となってゆく事実は、折に触れて語ることになるだろう。決して知名度は高くない2人だが、これを機にその名をぜひ覚えておいてもらいたい。

さて、天文22年の7月下旬には帰途へつき、ほどなく越後へ戻ったとみられる謙信であるが、通り道の越中で新たな火種が生じていた。『新編会津風土記』に載る謙信の手紙によると、新川《にいかわ》郡を治める椎名《しいな》氏、射《い》水《みず》郡や婦負《ねい》郡、砺波《となみ》郡に勢力を伸ばす神保《じんぼ》氏、この両氏の対立が去る4月頃から激しさを増していたらしい。それを機に、いよいよ謙信が自ら軍を率いて北陸へ襲来することとなる。

第2章

盟友救援

8　盟友の椎名氏へ肩入れ　非は神保氏にあり

永禄3年（1560）

初の北陸出兵

永禄《えいろく》3年（1560）3月、上杉謙信は自ら軍勢を率いて越中へ押し寄せた。これこそ、彼にとって初の北陸出兵である。大義を何よりも重んじたと伝わる謙信、本心はともかく、よもや表立って侵略の旗は振りかざすまい。だとすれば、どのような名目を掲げて兵を進めたのだろうか。

まず、あらためて当時の越中国内のパワーバランスを大まかに述べておこう。越後と接する東部の新川《にいかわ》郡は椎名《しいな》氏が治める一方、西部にあたる婦負《ねい》・射水《いみず》・砺波《となみ》の3郡は神保《じんぼ》氏の支配下にほぼ置かれていた。ただし砺波郡は、瑞泉寺《ずいせんじ》（現富山県南砺市）や勝興寺《しょうこうじ》（当時は現富山県小矢部市、現富山県高岡市）を中心とする越中一向一揆勢の力も強い地域でもある。こうした中で、神保氏と椎名氏の対立が次第に深まっていた。また、そこには謙信と武田信玄のライバル争いも絡んでいたのである。

図らずも出馬

出陣へ至る経緯は、『新編会津風土記』に載る謙信の手紙に詳しい。それによると、2度目の上洛から春

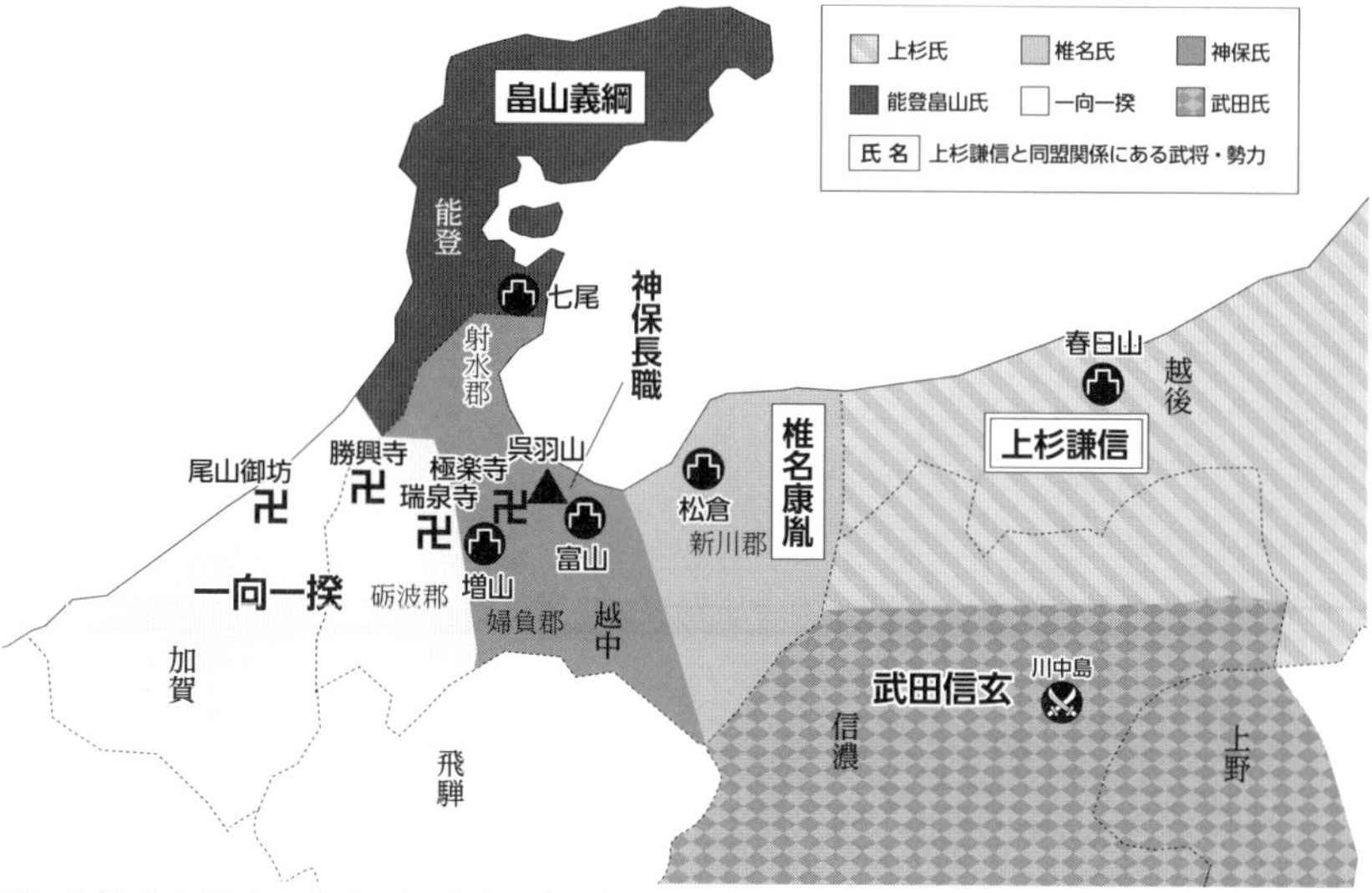

第1次越中出馬時の勢力図　永禄3年（1560）頃

日山城（現新潟県上越市）へ戻っていた謙信は、使者を越中へ遣わして神保と椎名の両氏を調停したという。いったんは仲を取り持つことに成功するのだが、信玄に通じていた神保氏の家臣らがすぐに和議を破り、圧力を加えられた椎名氏は窮地に陥った。ちょうど信濃（現長野県）攻めを画策していた謙信は、越後の背後にあたる越中の神保氏が信玄と結んでいるのは危険この上ないと考え、永禄3年3月26日に越中へ攻め込んだという。つまりは、ライバル信玄と手を組む神保氏を倒すために、北陸へ襲いかかったのだ。要するに、義のためなどではなく、目の上のたんこぶをたたく、極めて軍事的な企てなのである。

もともと椎名氏とは同盟関係にあった謙信だが、同じ手紙の中で「隣州年来申し承り候《そうろう》」（隣の国に長く関わってきた）と述べており、隣国の一大事を見逃すことができない点を強調している。しかし、それは椎名方へ肩入れする理由とはならない。謙信は「図らずも出馬」とも語っている。「出馬」とは現代なら選挙に立候補することだが、当時は文字通り馬を出す、すな

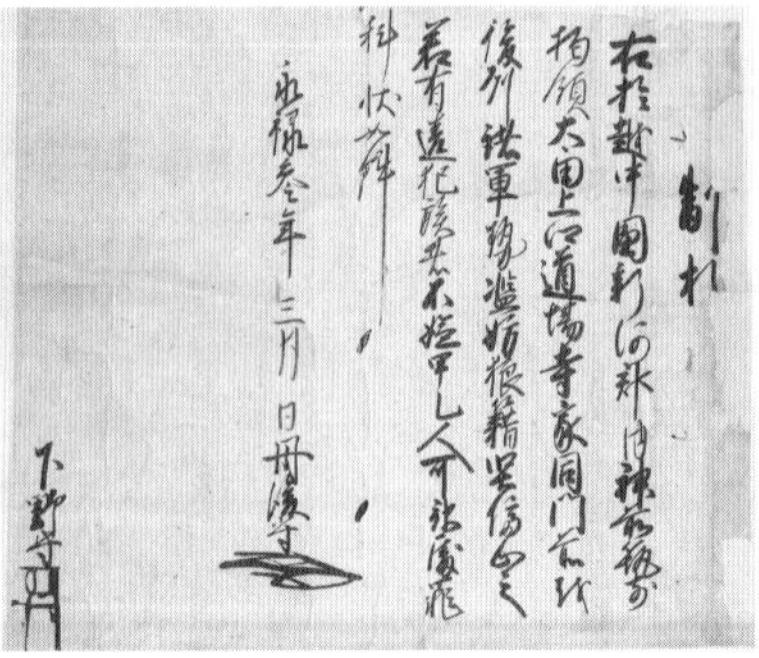

北条高広・斎藤朝信禁制（玉永寺蔵）

わち、兵馬を率いて戦争を行うことを指す。よって謙信は、決して好んで戦いを仕掛けたわけではないとの立場を示したのだ。あくまでも非は、謙信による仲裁を一方的に破った神保氏にあると訴えたのであろう。義は自分にこそあると言わんばかりなのだ。

一向一揆勢力に禁制

ここで、越中へ謙信軍がなだれ込んできた同年3月に出された文書に注目したい。謙信の重臣である北条《きたじょう》高広《たかひろ》と斎藤朝信《とものぶ》の2人が連名で、太《おお》田《た》上《かみ》郷《ごう》（現富山市）にある道場や寺家《じけ》、門前での乱暴狼藉《らんぼうろうぜき》を禁じたものだ（「玉永寺文書」）。言い付けを守らなければ厳しい罰を科すという。このような手紙を禁制《きんぜい》と呼ぶ。もしも謙信軍が悪行に及ぼうとしたら、現地の者たちは、謙信から得た禁制を見せつけて追い払うのだ。この禁制は、浄土真宗の玉永寺（現富山市）に現存していることから、太田上郷に何らかの拠点を持っていた一向一揆勢力に対して、謙信は行軍に先立って保護を与えることで、敵につかないように求めたのだろう。

芳年武者無類　上杉謙信
（富山市郷土博物館蔵）

裏返せば、このような禁制を出していないところでは、謙信も乱暴狼藉を黙認していた可能性が高い。戦場で略奪を働くのは、どこの戦国大名の軍勢も同じである。謙信軍とて例外ではない。筆者としては、義を貫いた武将などと謙信を特別視するのではなく、他の群雄たちと同列に扱うべきだと感じている。

9 増山城奪うも束の間　盛り返す神保長職

永禄3年（1560）

逃げの一手

上杉謙信の第1次越中出馬は、永禄《えいろく》3年（1560）3月に始まった。謙信を迎え撃つ神保《じんぼ》氏の当主は、神保長職《ながもと》。某テレビゲームにも登場し、知る人ぞ知る越中の戦国武将だが、はたして謙信とどのように向き合ったのだろうか。

事の顚末《てんまつ》は『新編会津風土記』に載る謙信の手紙に詳しい。それによると、謙信が越中めざして発したことをうけて、3月晦日《みそか》の夜中に神保長職は、本拠としていた富山城（現富山市）を捨て、増山城（現富山県砺波市）へと落ち延びた。すぐさま謙信は、長職を追うように味方の一隊を差し向けたが、謙信をして「元来険難の地」と言わしめた増山城の守りはさすがに堅く、攻めあぐねている。業を煮やした謙信は、自ら兵を率いて討伐に乗り出し、城の近くに陣を布き、攻撃態勢を調えた。これをみた神保方は、夜の暗がりに乗じて、姿をくらましてしまったという。武具や馬などをそのまま城の中に残しての退却劇で、逃げの一手を決め込んだのだ。かくして、富山城も増山城も謙信の掌中に収まった。

謙信は同じ手紙の中で「能州の儀、神保好《よし》みの有る国に候《そうろう》間、行《てだて》に及ぶべき由と存じ候え共、色々と悃《こん》

増山城跡　本丸跡（現富山県砺波市）

極楽寺跡（現富山市）

望《もう》す」（能登は神保氏と仲の良い国なので、攻め込むつもりだったが、相手方がいろいろと頼み込んできた）と述べている。神保方と誼《よしみ》を通じていた能登を治める畠山氏は、先に述べたように謙信とも親しかった。そこで、謙信との争いを防ぐため弁明に及んだらしい。これを聞き入れた謙信は、能登へ進軍することなく、帰国の途へつき、遅くとも5月初め頃には春日山城（現新潟県上越市）へ戻った。実際に能登へ攻め込むのは、10数年後のことである。

筋目というキーワード

ちなみに、謙信の放った名言が、同じ手紙に記されているので、紹介しておこう。「依怙《えこ》によっては弓箭《ゆみや》を携《たずさ》えず候《そうろう》、ただただ筋目を以て何方《いづかた》へも合力《ごうりき》を致すまでに候」（依怙贔屓《えこひいき》によって戦いは行わない。ただ筋目にしたがって、どこに対しても力を貸すだけなのだ）、これである。いかにも義を重んじる武将らしいセリフだ。謙信は物事の道理を意味する「筋目」というキーワードをよく用いるが、神保氏からすれば、とうてい納得できない言い分だったにちがいない。思えば現代の戦争も、攻め手が自らに都合の良い理由を掲げて始めるケースがほとんどだ。謙信の場合、それが義であり筋目であったと筆者はにらんでいる。

さて、どこかに身を潜めていた神保長職は、謙信が帰ったタイミングを見計らって、どこからともなく舞い戻り、たちまち勢力を盛り返した。直接対決を巧みに避けつつ難が過ぎれば反撃に転じるのが、どうも彼のやり口らしい。早くも同年7月に長職は、婦負《ねい》郡北代《きただい》（現富山市）にあった極楽寺に対して、境内での禁止事項などを定める文書を与えている（「真言宗来迎寺所蔵文書」）。このことから、神保氏の支配圏が呉羽山《くれはやま》（現富山市）の辺りにまで回復したと考えられるだろう。よって、隙をついて増山城を奪い返したとみてよい。越中西部の砺波郡にまで覇が及びつつあったかにみえた謙信だが、それも束の間だったのである。

10 神通川の河口で戦い　一向一揆勢と敵対へ

永禄5年（1562）

北陸の川中島

言わずもがな「川中島の戦い」とは、信濃（現長野県）で行われた上杉謙信と武田信玄の激突を指す。ただし、ここ北陸でも謙信は、信玄方につく諸勢力と何度も争いを繰り広げた。それら一連の戦いを「北陸の川中島」と呼べばどうかと、筆者は思案している。

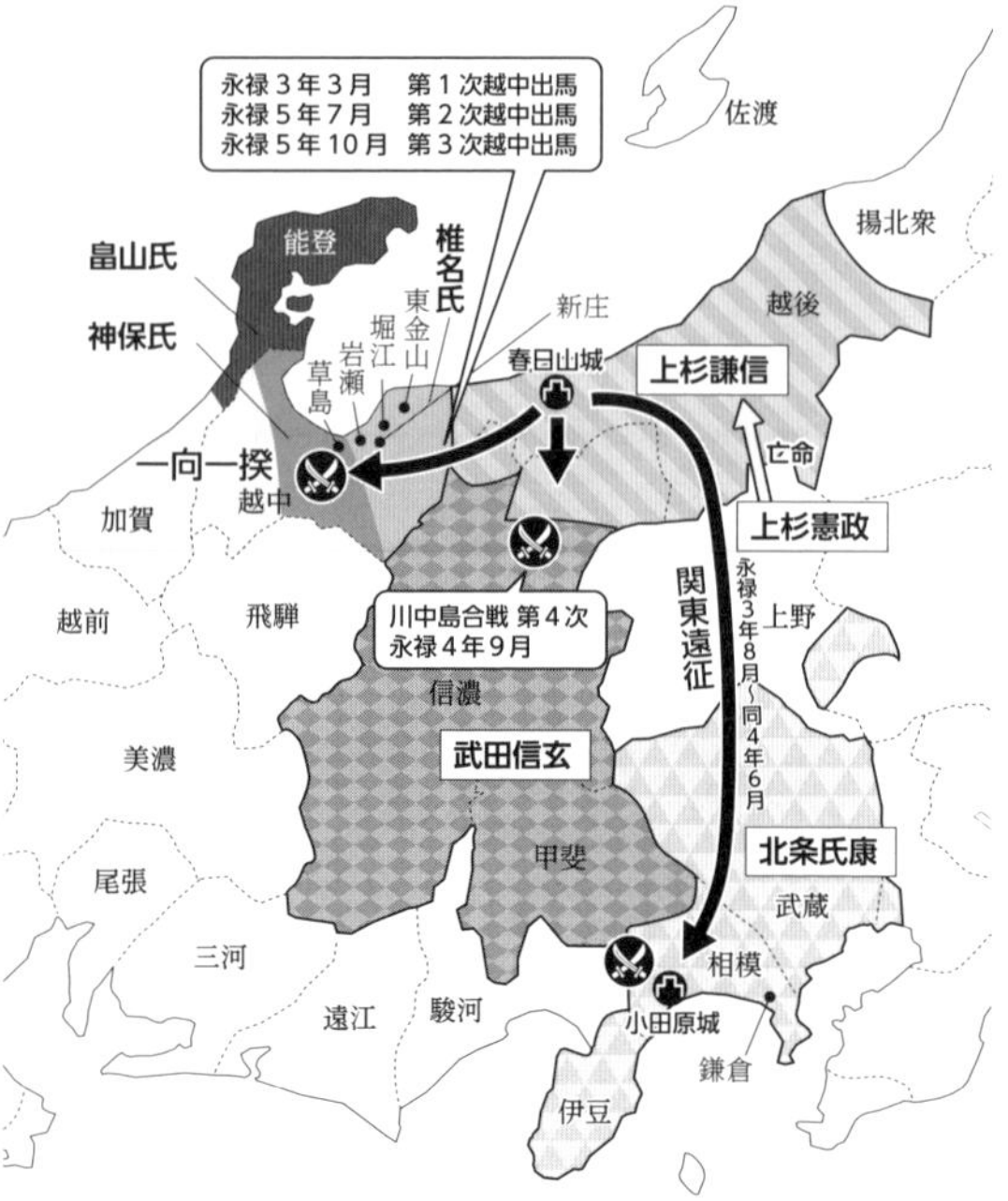

永禄3～5年（1560～62）謙信の軍事行動

永禄《えいろく》3年（1560）、謙信が第1次北陸出兵から越後へ引き揚げた後ほどなく、越中の神保《じんぼ》長職《ながもと》は勢いを盛り返した。このような神保氏と協力するよう、加賀や越中の一向一揆方に対して働きかけたのが、ほかならぬ信玄だ。「仏厳寺《ぶつごんじ》文書」によると、信玄は越中一向一揆の中核寺院たる瑞泉寺《ずいせんじ》（現富山県南砺市）に対して、門徒たちを説き伏せて越後へ攻め込むよう求めた。この信玄の計略は功を奏したらしく、翌年5月に加賀一向一揆勢が越中へ攻め入った事実が「本願寺文書」から分かる。かつては謙信の上洛を手伝うなど、悪くない仲を保ってきた北陸の一向一揆勢力だが、これを境として、十数年にもわたる長い敵対関係へと入っていく。

第4次川中島合戦

もちろん、信濃攻めを考えていた謙信も、穏やかならぬ北陸の情勢を察するところであった。「上杉家文書」によると、永禄4年8月、自らの留守中における越中方面の守り役に長尾政景《まさかげ》・斎藤朝信《とものぶ》・山本寺《さんぽんじ》定長《さだなが》ら重臣を据えている。緊張が続く北陸戦線の防備を固める狙いだったに相違ない。この翌月に謙信は、激戦で名高い第4次川中島合戦に臨んだ。要するに、信玄との直接対決を行ううえで、常に北陸の信玄与党の動向に気を配らねばならなかったのである。

ちなみに同年、信濃攻めに取りかかるより先に関東へ出陣していた謙信は、鎌倉の地（現神奈川県鎌倉市）で上杉憲政《のりまさ》より、関東管領《かんれい》の職を譲り受けるとともに、上杉氏の名跡ならびに「政」の一字を賜り、姓名を長尾景虎《かげとら》から上杉政虎《まさとら》へ改めた。いよいよ上杉を名乗ることとなったのだ。ただし、早くも同年末には輝虎と名を変えている。これは、室町将軍の足利義輝《よしてる》から輝の字を与えられたためであろう。先の上洛から続く、義輝との蜜月ぶりがうかがえる。

川中島古戦場（現長野市）

神通川河口（現富山市）

2度目の北陸出兵

そのような謙信が次に自ら越中へ乗り込んできたのは、翌5年7月のことである。これが2度目の北陸出兵だ。「本田清氏所蔵文書」によれば、謙信の出陣で状況はがぜん上杉方の優位へ一変する。謙信じきじきの登場に相手方は恐れを成したのかもしれない。勝ちを悟った謙信は、ほどなく本拠の春日山城（現新潟県上越市）へ帰り着いたようだが、上杉軍の一部は残った敵を掃討するためにとどまった。

ところが、謙信のいなくなった途端、一向一揆方はたちまち反撃に打って出る。「諸家文書纂所収文書」によれば、神保長職が一向一揆方へ加勢し、9月5日に神通川《じんづうがわ》で上杉軍を相手に大勝を収めたという。両軍は河口で戦ったと記されており、場所は岩瀬もしくは草島（いずれも現富山市）辺りだろうか。ともあれ、勢いに乗じた一向一揆・神保連合軍は、新庄（現富山市）、堀江（現富山県滑川市）を攻め落とし、東金山（現富山県魚津市）近くまで迫ったという。東金山は、謙信の盟友である椎名《しいな》氏の拠点であり、神通川河口の戦いを機に一転、上杉方は窮地へ陥ったのである。

このような状況の中、先の帰国から2カ月も経たぬ同月、味方のピンチを救うべく、再び謙信は越中へ攻め込んだ。戦地こそ北陸だが、宿敵信玄をにらんだ遠征だったにちがいない。

11 進攻の正当性を強弁　姉倉比賣神社へ願文

永禄5年（1562）～永禄7年（1564）

3回目の越中出馬

戦国武将の多くは神仏を篤く敬い、神前へ自らの願いや考えを記した願文《がんもん》を奉じた。上杉謙信もその1人で、中には北陸出兵に関して述べたものもあり、そこからは義を重んじた人物像も浮かび上がるが、例によって筆者は懐疑的である。

盟友の椎名《しいな》氏が神保長職《じんぼながもと》らの反撃にさらされてピンチへ追い込まれたのをうけて、謙信は出馬した。永禄《えいろく》5年（1562）10月のことで、早くもこの年2度目の越中遠征だ。通算で数えれば3回目である。「寺島文書」は、同月5日に金屋《かなや》（現富山市）で神保方との小競り合いが起こったことを記す。また、「本田清氏所蔵文書」によれば、すぐさま謙信は劣勢を跳ね返して相手方の拠点を次々と攻め落とし、たちどころに神保軍を増山城（現富山県砺波市）まで追い払う。さらに、増山の周辺へ火を放って城を取り囲んだ。わずか数カ月で形勢は、再び上杉方の優位へと入れ替わったのである。

一転、追い詰められた長職は、能登を治める畠山義綱《はたけやまよしつな》へ泣きついた。謙信と友好関係にある畠山氏に対して講和を取り持つよう求めたのだろう。北条氏康《ほうじょううじやす》と争う関東の戦況を気にかけていた謙信は、和睦の申し出に応じて、早くも同月内に春日山城（現新潟県上越市）へ戻った。椎名氏を救うという当面の目的を果たしたからでもあろう。

こうして、謙信の第3次北陸出兵は終わったのだが、「薬師寺所蔵文書」に残る、翌年7月に彼が記した手紙が興味深い。「殊《こと》に能・越・佐、三か国手裡《しゅり》同前」と述べており、能登も越中も佐渡も我が手の中に収まったも同じと豪語しているのだ。謙信の中では、佐渡はおろか、越中や能登までも命令が届くエリアだと捉えはじめていたのである。しかし、さすがにこれは言い過ぎであって、実態と合っていない。ともあれ、謙信は自らが帰依《きえ》する越後の真言宗寺院である薬師寺（現新潟県出雲崎町）に対し、北陸を領土に組み込もうとする意欲をちらつかせていたのだ。

姉倉比賣神社（現富山市）

上越妙高駅前の上杉謙信公銅像（現新潟県上越市）

非分これ無く候

一方、翌永禄7年6月に姉倉比賣《あねくらひめ》神社（現富山市）へ奉じた願文で、これまでの3度にわたる北陸方面への出兵に関する思いを明かしている。「越中へ討ち入り候《そうろう》事、これは、神保・椎名の間の取相《とりあい》に候、異見に及び候え共、承知なく候、椎名の事、亡父以来申し合わせ、長尾小四郎《こしろう》養子に成り候えば、かたがた以て捨て難《がた》く、加勢に及び候事、これ又非分《ひぶん》これ無く候」。すなわち、神保と椎名がいがみ合っていたため、和解を勧めたが、神保氏が応じなかったうえに、椎名氏は亡き父為景《ためかげ》の代からの親しき仲でもあるし、同族の長尾小四郎（景直《かげなお》）が椎名氏へ養子に入っている縁もあり、その苦境に目をつぶることはできず加勢したまでで、越中へ攻め込んだことは決して道理に外れた行いではないという。

いかにも義を重んじる謙信だと評することもできようが、後になってわざわざ神前へこのように誓わなければならない事実こそ、人義なき戦いを自覚していた裏返しなのではないか。ちなみに謙信は、全く同じ内容の願文を彌彦《いやひこ》神社（現新潟県弥彦村）にも捧げている。つまり、本国の越後や戦地となった越中の神々に対して、北陸進攻の正当性を強弁していたのだ。そのような振る舞いを、決して侵略戦争ではないと必死に申し開きをしているように感じてしまうのは、天邪鬼《あまのじゃく》な筆者だけではあるまい。

12 加賀攻めの約束守らず　顕如と信玄が同盟

永禄8年（1565）

新たな脅威

　上杉謙信の前に立ちはだかった強敵といえば、武田信玄や織田信長があまりにも有名である。彼らの他では、諸国の一向一揆勢を束ねた大坂本願寺（現大阪市）の門主《もんしゅ》顕如《けんにょ》も忘れてはならない1人だ。顕如は信玄と手を組むことで、侮りがたいライバルと化すのである。

顕如上人像（勝興寺蔵）

太平記英勇伝　武田信玄
（東京都立中央図書館特別文庫室蔵）

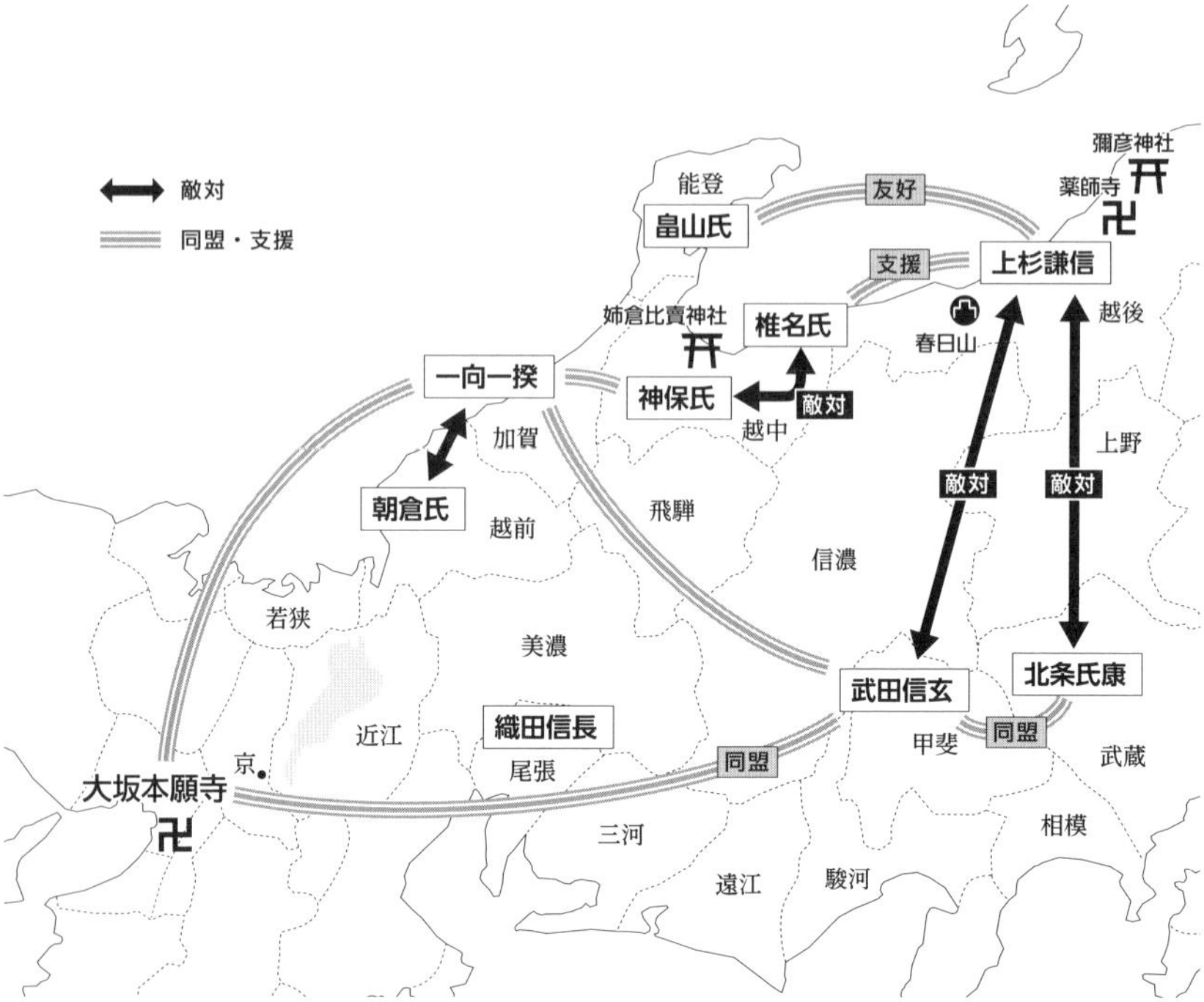

永禄8年（1565）頃の敵対関係図

謙信が姉倉比賣《あねくらひめ》神社（現富山市）の神前へ北陸出兵の義を訴えた永禄《えいろく》７年（１５６４）までに、彼は越中国内で着実に支配の手を伸ばしつつあった。例えば、「窪田宗則氏所蔵文書」によると、同年に起こった飛騨（現岐阜県北部）の内乱に、「越中衆」と呼ばれる一団を自らの援軍として遣わしている。要するに、謙信の下知《げち》に従って他国へ攻め込む者たちが現れはじめていたのだ。おそらくは神保氏や一向一揆勢の支配が及び切らない、越中東部に拠点をもつ武士らを動員したのだろう。

そのような謙信にとって新たな脅威となったのが、本願寺と信玄が結んだ軍事同盟だ。翌８年の３月、信玄に宛てた顕如の手紙が「顕如上人書札案」に収められている。それによれば、今後は武田氏と昵懇《じっこん》の仲になること、謙信からどのような求めがあろうとも応じないこと、越中戦線に関しては信玄と相談のうえで決めることなどを誓ったという。敵の敵は味方、互いの思惑が一致したのだ。

加賀や越中の一向一揆勢が謙信の敵と化した経緯は、先に述べたところだが、この期に及んで、諸国に散らばる一向一揆勢力の多くがリーダー顕如の掛け声のもと、打倒謙信でまとまるかたちになったのである。本願寺の宿敵といえば、我々は真っ先に信長をイメージしがちだが、それは少し後の話で、むしろ謙信こそ元祖ライバルと評することができよう。

攻める攻める詐欺

さらに同じ年の5月、謙信の心中はおろか列島を揺るがす大事件が京で起きた。なんと、将軍足利義輝《よしてる》が三好義継《よしつぐ》（長慶《ながよし》の子）らに殺されてしまったのである。かろうじて難を逃れた弟の義昭《よしあき》は、謙信へ助けを求めてきた。かつて永禄2年の上洛時には将軍家への忠節を強く誓った謙信である。すぐさま義兵を挙げるのかと思いきや、その動きは殊のほか鈍かった。

「上杉家文書」によると、かねてより謙信は、越前（現福井県東部）の大名である朝倉氏に対して、一向一揆勢が治める加賀へ兵を率いて押し寄せることを申し合わせていた。お盆前後の出陣と聞いた朝倉側は、今回もドタキャンするようであれば世の評判にかかわると釘を刺し、決行を促している。つまり、謙信は口だけで、すでに約束を守らなかった〝前科〟すらあるらしく、〝攻める攻める詐欺〟を働いていたらしいのだ。どうやら朝倉氏にとって謙信は、必ずしも信頼に足る武将ではなかったのである。

加賀は京へ向かううえでも避けては通れない国だ。たしかに、秋にも謙信が加賀へ攻め込んでくるとの噂が顕如の耳に届いている（「顕如上人書札案」）。しかし、朝倉氏との取り決めを果たすことはなかった。1度ならず2度までもである。顕如と信玄の同盟によって、たやすく進攻できなかった事情もあったにせよ、謙信の評判がどうなったかは推して知るべしである。あくまで謙信は、情勢を見極めながら動くリアリストだった。将軍家再興のための上洛めざして動き出すのは、数年後を待たねばならない。

13 能登の争い 出兵引き金に　またも盟友救出が口実

永禄9年（1566）〜永禄11年（1568）

予期せぬ政変

考えてみると、上杉謙信は永禄《えいろく》5年（1562）に3回目の越中進攻をおこなって以降、北陸方面への遠征が無い。次なる出馬の引き金は、能登。「弘治《こうじ》の内乱」を経て、再び巻き起こった畠山氏を二分する争いが、またしても謙信襲来の呼び水となるのである。

「謙信公御書集《ごしょしゅう》巻六所収文書」によれば、永禄9年6月に上杉方の軍勢と神保《じんぼ》氏が越中国内（場所は不明）で小競り合いを交わした。しかし、謙信の出馬にまで至ることはなく、北陸戦線は膠着《こうちゃく》した状態にあったといえる。このような中、同年9月、七尾城（現石川県七尾市）で予期せぬ政変が発生した。東四柳史明《ひがしよつやなぎふみあき》氏による研究などに基づき、あらましを追ってみよう。

能登畠山氏当主の義続《よしつぐ》・義綱《よしつな》父子が、遊佐続光《ゆさつぐみつ》をはじめとする重臣たちの起こしたクーデターによって、国外へ追い出されてしまったのである。主犯の遊佐は、謙信と能登を結ぶキーパーソンに挙げた人物だ。ちなみに『永光寺《ようこうじ》年代記』によると、一族とみられる畠山左馬助《さまのすけ》なる者が岩瀬（現富山市）へたどり着いている。命からがら越中めがけて逃げたのだろうか。

第４次北陸出兵

かたや義続たちは遠く京へ落ち延びたのだが、すぐさま返り咲きを目論む。さっそく翌10年に、本拠である七尾への帰還を画策して、様々な勢力へ支援を呼びかけたのだ。もちろん、かねてから友好関係にあった越後の上杉氏へも働きかけが成されたにちがいない。そして翌11年、実に6年ぶりとなる、謙信の第4次北陸出兵が始まった。

「庄司喜與太氏所蔵文書」によると、同年2月に義続らは、謙信に対して能登への「入国は近々」と報じ、今後の協力を求めている。謙信は、翌月に兵を率いて北陸へ向かった。おそらくは、義続たちの動きに歩調を合わせたのだろう。早くも3月14日、越中一向一揆のリーダー格である勝興《しょうこう》寺《じ》（当時は現富山県小矢部市、現富山県高岡

守山城跡（現富山県高岡市）

放生津城跡（現富山県射水市）

市）のもとへ、謙信が春日山城（現新潟県上越市）を出発したという第一報が届く。

歯向かう敵を討つ

「松雲公採集《しょううんこうさいしゅう》遺《い》編類纂《へんるいさん》所収坪坂文書」では、一向一揆勢を叩きにくるのは確実だと、勝興寺側は警戒感を露《あら》わにしている。また、謙信の目的を「守山《もりやま》を責め伏《ふ》して、能州の屋形《やかた》を入国させ申すべきとの図《はか》らいにて候《そうろう》」と推し量っており、守山城（現高岡市）を攻め取って能登の御屋形様（畠山父子）のお国入りに手を貸す点にあると受け止めていた。守山城に誰がいたのかは分からないものの、反謙信方の拠点と化していたことは疑いない。

ここで、謙信の進攻理由に注目してみよう。過去3回の出兵は、椎名《しいな》氏の窮地を救うためと説いていた。それが能登畠山氏に変わっただけで、親しい仲の者を助ける戦いと称して一向一揆勢などの自らに歯向かう敵を討とうとする方途は、これまでと全く同じと理解できる。要するに、またも口実は盟友の救出なのだ。「松雲公採集遺編類纂所収坪坂文書」によると、3月25日までに謙信は、放生津《ほうじょうづ》（現富山県射水市）へ陣を布いた。ターゲットに定めた守山城は、目の前である。ところが、いまにも総攻撃に取り掛からんとしていた矢先、国元から急報がもたらされた。一転、謙信はピンチに陥るのである。

第3章

報復攻撃

14 将軍家への義ないがしろ 盟友椎名氏の裏切り

永禄11年（1568）

信玄の策謀

今から約450年前の永禄《えいろく》11年（1568）は、世の歴史ファンにとって、織田信長が足利義昭《よしあき》を擁して上洛した年として記憶されることが多い。だが、実は上杉謙信と北陸諸勢力の対立関係が大きく変わる節目の年でもある。本書では、そちらの方にスポットを当てたい。

同年3月、能登を追われた畠山義続《よしつぐ》・義綱《よしつな》父子の返り咲きをバックアップするため越中へ来ていた謙信だが、「松雲公採集遺編類纂《しょううんこうさいしゅういへんるいさん》所収坪坂文書」によれば、25日に放生津《ほうじょうづ》（現富山県射水市）の陣を引き払い、翌日には盟友椎名《しいな》氏の本拠である松倉（現富山県魚津市）まで戻っている。足早に越後への帰路についたと思しい。実は、越後北部を支配する揚北衆《あがきたしゅう》の一人、村上（現新潟県村上市）を治める本庄繁長《しげなが》が、宿敵武田信玄と手を組んで挙兵したのだ。その知らせが飛び込んできたのである。おそらくは、謙信の背後をかく乱しようと企んだ信玄の策謀によるものだろう。本国の安定を期すべく謙信は、遅くとも4月初め頃には春日山城（現新潟県上越市）へ急ぎ帰ったとみてよい。第4次北陸出兵は、このような不測の事態によって、わずか1カ月余りで頓挫した。

義昭を奉じたのは

なお、当時越前一乗谷《いちじょうだに》（現福井市）に身を寄せていた足利義昭からこの頃に謙信へ遣わされた手紙が「吉川金蔵氏所蔵文書」に残されている。そこには「存分《ぞんぶん》ありと雖《いえど》も、先々に言上《ごんじょう》する筋目を以て、先《ま》ずは是非《ぜひ》を閣《さしお》き、御入洛《ごじゅらく》の儀の御馳走《ごちそう》、併《あわ》せて御当家御再興の事」と記す。すなわち、謙信なりの考えはあるにせよ、まずはかつて将軍家へ申し述べた筋目に従い、ひとまず他の事は後回しにして、何よりも先に義昭の上洛、そして足利家の復権への助けを頼むという。つまり、先に上洛した際に謙信が亡き義輝《よしてる》（義昭の兄）へ誓った忠節を、実際に行うよう強く促したのである。

しかし、謙信は動かなかった。動くに動けなかった事情もあろうが、自らが将軍家へ掲げた義さえも、ないがしろにしたのだ。たとえ国を失っても忠節を尽くすと大言を吐いたのは何だったのか。結局、義昭を奉じたのは謙信ではなく、よく知られているように信長であった。事あるごとに筆者は説いているが、謙信が語る義や筋目は、あくまでも戦略的なスローガンにすぎない。

永禄百将伝　織田信長
（富山市郷土博物館蔵）

義烈百人一首　足利義昭
（富山市郷土博物館蔵）

自国ファースト

さて、話を戻すと、謙信の撤退に最も慌てふためいたのは畠山父子だろう。軍事支援の当てが外れて、七尾城（現石川県七尾市）を奪い返すという彼らの望みはあえなく潰《つい》えた。義を重んじるはずの謙信にあっさり見放されたのである。要するに謙信は、義よりも利、越後の平和を最優先にしたわけだ。言うなれば自国ファーストである。もちろんそれは、食うか食われるかの戦国時代からすれば当たり前の行動であり、必ずしも非難されるべきものでもない。

かくも熾烈《しれつ》なサバイバルの中で、寝返りは世の常である。同永禄11年7月、これまで一貫して謙信と親しい仲を築いてきた、越中東部の新川郡《にいかわ》を支配する椎名氏が、何の前ぶれもなく叛旗《はんき》をひるがえす。「勝興寺文書」によれば、当主の椎名康胤《やすたね》は本願寺門主《もんしゅ》の顕如《けんにょ》に通じて、一向一揆勢力と結んだのである。その報が謙信のもとへ届いたのは、「伊佐早謙採集文書」によると8月12日だ。わずか数カ月前に北陸出兵からの帰りに立ち寄った松

松倉城 本丸跡（現富山県魚津市）

倉の地が、事もあろうに敵領、しかもその本拠地と化したのである。何度も苦境を救ったにもかかわらず裏切られた謙信は、さぞかし激怒したにちがいない。なお、椎名氏へ養子として送り込まれていた小四郎景直《かげなお》だが、両家の断交によって謙信の元へ呼び戻されたらしい。長尾姓に復して活動したことを示す手紙が残っている（「歴代古案巻三所収文書」）。

ちょうどこの頃、信玄の軍勢が信濃長沼（現長野市）まで押し寄せていた。タイミング的にみて、椎名氏の蜂起はその動きに応じたものと考えられ、信玄が影で操っていた可能性が高い。南から信玄、東に本庄、西には椎名と、反上杉がさながらワンチームとなって襲いかかったのだ。一挙に謙信は三方から脅威にさらされるかたちとなったのである。

15　犬猿の仲の神保氏と和解　一変する上杉包囲網

永禄11年（1568）

共に畠山父子の窮地を救う

永禄《えいろく》11年（1568）7月頃、父祖の代から続く上杉謙信との同盟を破棄した椎名康胤《しいなやすたね》。謙信からすれば、許しがたい裏切り者と断じることができようが、椎名氏側とて言い分はあろう。残念ながら、上杉から離れた訳をはっきりと語る史料は残されていない。しかし筆者は、謙信の方にこそ非ありとにらんでいる。

事の起こりは、先に述べてきた、七尾城（現石川県七尾市）をめぐる能登畠山氏の内乱だ。当主家の畠山義《よし》続《つぐ》・義綱《よしつな》父子と重臣たちの間で起きた争いは、越中西部をテリトリーとする神保《じんぼ》氏の立ち位置にも影響をもたらす。かねてより神保氏当主の長職《ながもと》は能登畠山氏と親しくしており、国外へ追われた畠山父子を支援した。このため、長く犬猿の仲の謙信と神保氏だったが、共に畠山父子の窮地を救うべく和を結んだのである。そうすると、ぎこちない関係に陥ったのが神保氏と北陸一向一揆勢だ。かつては互いに力を合わせて謙信と戦ってきた間柄だが、神保氏が謙信と手を携えることで一転、一触即発の仲となった。何ともややこしい話である。

顕如の怒り

そしてついに、神保氏と一向一揆勢は袂《たもと》を分かつ。「勝興寺文書」の下間《しもつま》証念書状によれば、永禄11年の半ば、増山城（現富山県砺波市）にいた神保軍が、一向一揆勢が支配する各地に火を放ち、数人を討ち取る挙に出たのだ。この事態をうけ、神保氏を「さらに許容あるべからず」（決して許してはならない）という本願寺門《もん》主顕如《しゅけんにょ》の檄《げき》が、門徒らに飛んでいる。顕如の怒りが目に浮かぶようだ。つまり、謙信とともに神保氏は、本願寺門徒たちの宿敵になったといえよう。「長光寺文書」によると、さらに同年10月には、神保軍が一向一揆方の西条（現在地は未詳）を攻めている。

ただし、ちょうどこの頃に「神保父子の間で鉾楯《ほこたて》に及」んだとの報が「志賀槙太郎氏所蔵文書」に記されることから、神保氏当主の長職と親族との間で軍事衝突も生じていた。おそらくは、謙信方へ寝返るか、はたまた反謙信のスタンスを保つのかで、神保家中に深い溝が生まれたのだろう。彼らの間には強い謙信アレルギーがあったにちがいない。とうとうそれが、抜き差しならぬ分裂にまで至ってしまったのである。

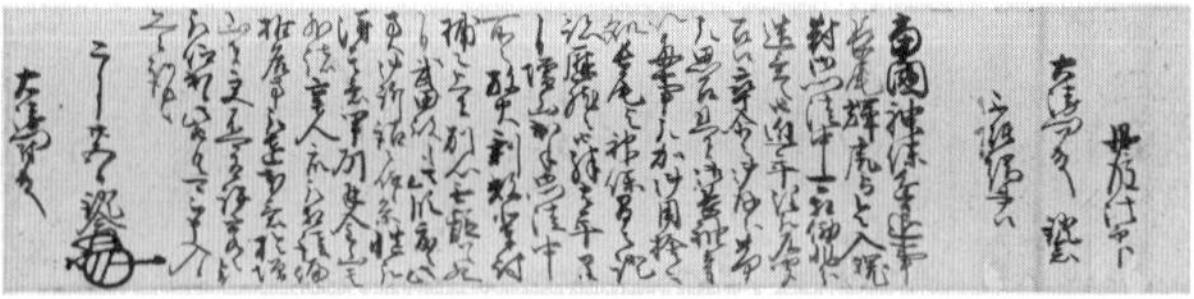
下間証念書状（勝興寺蔵）

増山城跡（現富山県砺波市）

変わり身の裏

かような神保氏と越中東部を治める椎名氏は、両雄並び立たざるライバルだった。要するに、椎名氏からすれば、事もあろうに謙信が憎き神保氏と誼《よしみ》を結んだ振る舞いに不満

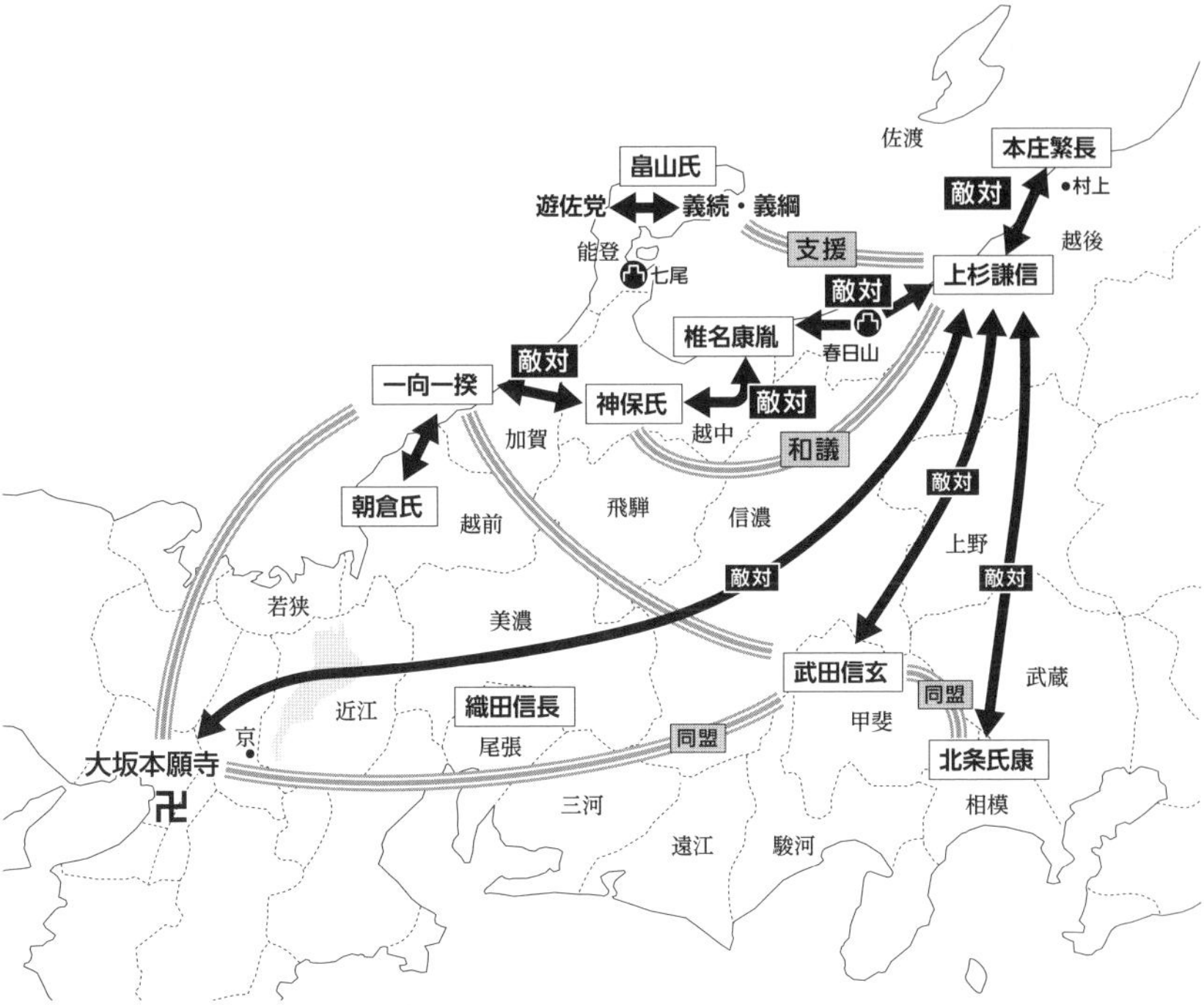

永禄11年（1568）頃の敵対関係図

を募らせ、謙信を見限ったのだ。つまり、椎名氏が謙信を裏切ったのではなく、先んじて謙信が椎名氏を裏切ったとみるべきではないか。少なくとも椎名康胤はそのように受け取っていたにちがいあるまい。まして義を重んじる謙信などとは夢にも思っていなかっただろう。

また、この椎名氏の変わり身の裏には、関東において謙信が極めて劣勢に立たされていた事情も潜んでいるのではないか。市村高男氏が明らかにしたように、去る永禄9年頃から北条軍の前に成す術《すべ》ない戦況に陥っていた。そんなパワーバランスの変化も嗅ぎ取りながら、謙信と信玄を秤にかけて、勝ち馬と見た方にいち早く乗じたのであろう。

かくして永禄11年は、神保氏が一向一揆勢とのファイティングポーズを鮮明にして謙信方へ転じ、かたや椎名氏が反謙信方へと走ったことで、北陸における上杉包囲網が一変する分水嶺となった。いままでの謙信は、神保氏と一向一揆勢をターゲットに越中へ襲来してきたが、以降は一向一揆勢と椎名氏を敵に回して押し寄せることとなる。

16 能登石動山が戦勝を祈願　椎名氏を追い詰める

永禄12年（1569）

5度目の越中出兵

長く盟友だった椎《しい》名《な》康胤《やすたね》に背《そむ》かれた上杉謙信。非は謙信にあったにもかかわらず、これまでの絆はどこへやら、すぐさま椎名攻めに乗り出す。やられたらやり返す、倍返しと言わんばかりだ。まさに報復攻撃とでも呼ぶにふさわしい。はたして、それが義を重んじる者のやり口なのであろうか。昨日の友は今日の敵。永《えい》禄《ろく》12年（1569）、5度日の越中出兵の火ぶたが切られる。

きっかけは同年4月、謙信の与党と化していた神《じん》保《ぼ》長職《ながもと》から届いた1通であった。それは「上杉家文書」に残された文《ふみ》で、できるだけ早い謙信の越中出馬を求めている。おそらくは、一向一揆勢や椎名氏らライバルたちを前に、ピンチに陥っていたのだろう。謙信はというと、武田信玄と共謀して兵を挙げた越後村上（現

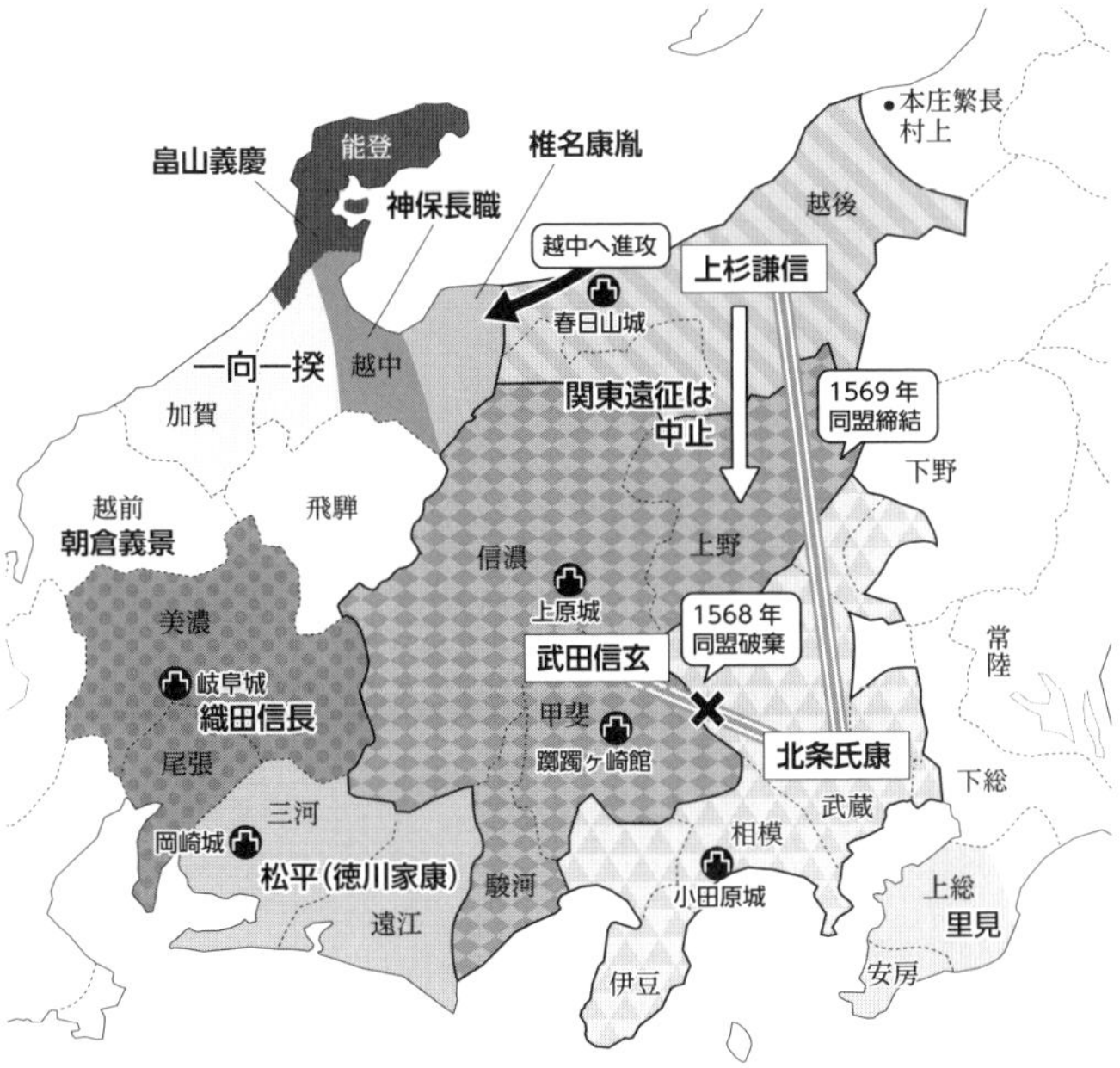

越相同盟と関東遠征の終焉

新潟県村上市）の本庄繁長《ほんじょうしげなが》と、去る3月までに停戦するに至った。また6月には、北関東で激しく争ってきた北条氏康《ほうじょううじやす》とも和を結ぶ。これが世にいう越相《えっそう》同盟である。こうして、信玄を除く近隣からの差し迫った軍事的脅威が小さくなった。それが何を意味するかといえば、満を持して北陸へ打って出るお膳立てが調ったのである。

電光石火のスピード

8月、いよいよ謙信は越中へ向けて行軍を始めた。その経過は「謙信公御書三所収文書」に詳しく書かれている。まず20日に越後と越中の境を流れる境川（現富山県朝日町）を越え、翌日には石田（現富山県黒部市）へ陣を布いており、海沿いを進んだのであろう。そして22日に、憎き椎名氏のテリトリーである金山（現富山県魚津市）を攻め、翌日にはこれを落とす。さすが謙信、電光石火のスピードで椎名康胤を追い詰めていったのだ。

一方、「謙信公諸士来書七所収文書」によれば、北条氏康が謙信に対して、早く椎名氏を許して事態をおさめ、信玄を倒す方に力を注いでほしいと申し入れている。要するに、表向きは神保氏の救援を装う出兵だったが、真の狙いが裏切り者を討つことにあると、他国にまで知れ渡っていたのだ。

　そのような中、神保氏の家中でまたまた内紛が起こる。当主の長職と親族が対立したことを先に述べたが、「上杉家文書」によれば、今度は重臣の一派が叛旗《はんき》を翻したらしい。やむなく謙信は椎名攻めをいったん止め、兵を西へ向けて神通川《じんづうがわ》を越え、それを鎮めたという。義に駆られた行いとも評しうるが、長職を助ける戦いを名目に掲げているのだから、当たり前の動きであった。

石動山（現石川県中能登町）

石動山大宮坊（現石川県中能登町）

勧進活動の保証

　ところで、ちょうどこの頃に思わぬアクションを見せたのが、石動山《せきどうさん》の天平寺《てんぴょうじ》（現石川県中能登町）だ。東《ひがし》四柳《よつやなぎ》史明《ふみあき》氏の研究を参考にすると、謙信が頼んだかは分からないものの、上杉軍の戦勝をわざわざ能登の地で祈願していたという。なぜかと問えば、謙信のお膝下《ひざもと》である越後が天平寺の衆徒《しゅうと》たちにとって勧進《かんじん》を行う、いわばビジネスエリアだったためと推測されている。

　つまり、お得意様の国を治める謙信に対して、すすんで便宜を図ったのではないか。椎名氏のごとく謙信に弓引けば、おそらくは瞬く間に攻めたてられてしまう。謙信からの信頼を得ることで、勧進活動の保証を求めたのではないか。誤解を恐れずに述べるならば、北陸において謙信は、権力者として忖度《そんたく》されはじめていたのである。

17 越中東部の大半を領土に　代官に側近を抜擢

永禄12年（1569）

在番体制を築く

越中国新川郡《にいかわ》を長く治めてきた椎名《しいな》氏。しかし、その歴史は、ほかならぬ上杉謙信によってピリオドが打たれる。私利や私欲では決して領土を広げないといわれる謙信だが、北陸で真っ先に版図《はんと》へ組み込んだ地こそ、この越中東部であった。

永禄《えいろく》12年（1569）9月、石動山《せきどうさん》の天平寺《てんぴょうじ》（現石川県中能登町）が謙信の武運を祈っていた頃、上杉軍の一隊が池田城（現富山県立山町）を攻めていたと「上杉家文書」は記す。たてつく越中の者どもを力でねじ伏せていったのだろう。はたして天平寺の祈りの効き目はあったろうか。それはさておき、対する椎名康胤《やすたね》は本拠の松倉（現富山県魚津市）で頑《かたく》なに抗《あらが》い続け、さすがの謙信も手を焼いたようだ。

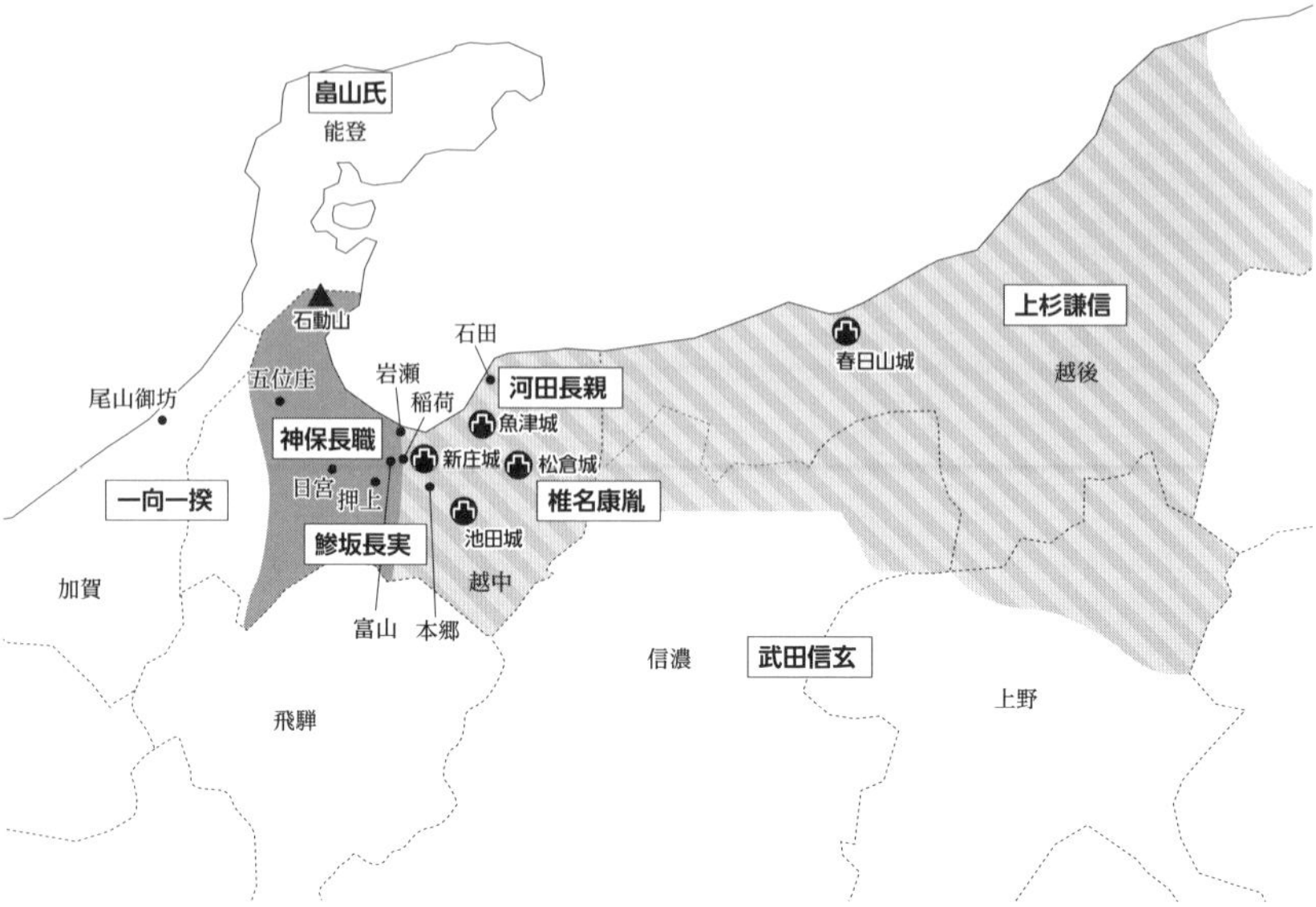

永禄12年（1569）頃の謙信の勢力範囲

そこでひとまず謙信は、椎名氏から奪い取った越中東部の大半について、支配してゆくための仕組みづくりに乗り出す。魚津城（現魚津市）に直臣の河田長親《かわだながちか》を入れ、越中における名代《みょうだい》として治めさせ始めたのである。また、高岡徹氏の研究によると、神通川《じんづうがわ》以東の城々に上杉武将を交代で詰めさせる在番体制を新たに築いたという。こうして椎名氏は、松倉近辺のわずかなエリアを除いて、ほとんど実権を失ったとみてよい。

魚津城と新庄城

ちなみに、この魚津城代《じょうだい》に任じられた河田、先にも少し述べたが、変わったキャリアの持ち主だ。広井造氏の研究などに基づくと、もともとは近江《おうみ》（現滋賀県）の生まれで、たまたま父に連れられて京にいた際、折しも上洛していた謙信がひと目みて気に入り、スカウトしたらしい。すなわち、譜代《ふだい》の重臣ではなく外様《とざま》の新参者なのである。にもかかわらず、新たな領土のまとめ役に選ばれたわけで、異例の大抜擢と呼べよう。

なお、江戸時代に編まれた資料には、河田が容姿端麗で、謙信はその美男子ぶりに惚れ込んだと伝わる。そのエピソードが、嘘か実《まこと》かは分からない。だが、少なくとも河田を買っていたからこそ、要職に据え置いたにちがいなかろう。

さらに、越中中部における重要拠点の新庄城（現富山市）には、直臣の鰺坂長実《あじさかながざね》を入れた。この鰺坂もまた、河田と同じく謙信がスカウトした寵臣である。つまり、謙信は河田と鰺坂という、自らが見出した側近たちに対して、越中の征服した地で大きな権限を与えたのだ。この魚津城の河田、新庄城の鰺坂というラインで、上杉氏の越中支配が進められてゆく。

突然の帰国

魚津城跡（現富山県魚津市）

新庄城跡（現富山市）

さて、謙信の盟友である関東の北条氏《ほうじょううじ》康《やす》が、永禄12年11月に寄こしてきた便りが「上杉家文書」に残っている。それによると、信濃（現長野県）へ長期にわたって攻め込んでもらうためにも、越中の政情を安定させてほしいという。信濃は上杉と武田が互いににらみ合う境目《さかいめ》の国だ。どうやら氏康は謙信に、共通の敵である信玄の背後を襲うよう頼んでいたらしい。要するに、謙信の第5次越中出兵は、信玄討伐に本腰を入れるべく、その環境を調えるために行われたものだと考えられよう。だからこそ、信玄方へ転じた椎名氏を追い詰めたわけである。

ところが、同年10月27日の晩、謙信が春日山城（現新潟県上越市）へ戻ったと「太田文書」は説く。メインターゲットだった椎名氏を滅ぼすには至らぬまま、突然の帰国である。なぜだろうか。「歴代古案《れきだいこあん》巻十四所収文書」に残る謙信の文《ふみ》によれば、自分が北陸へ出かけている隙を突いて、武田の大軍が上野《こうずけ》（現群馬県）の上杉領にまで押し寄せてきたため、すぐに越後を発ち、敵を迎え撃つという。つまり、信玄襲来の報を聞き、慌てて越中から舞い戻ったのだった。期せずして後手に回るかたちとなった謙信は、「名字中の恥辱《みょうじちゅうのちじょく》」（上杉の名折れだ）とまで言い放ち、怒りをぶちまけている。思うに、北陸からの帰り道は、さぞ駆け足だったにちがいない。

翌元亀元年（1570）6月に信玄は、椎名氏に加勢するため、使者を大坂本願寺（現大阪市）へ送っている（「徳川美術館所蔵文書」）。おそらく、門主《もんしゅ》の顕如《けんにょ》と連絡をとり、一向一揆勢を動かして謙信の背後を衝かせようと画策したのだろう。北陸へは1度として足を踏み入れたことのない信玄だが、遠くから謙信の動きを巧みにけん制していたのである。これらの駆け引きもまた「北陸の川中島」の一端と呼べるかもしれない。

第4章

侵略戦争

18　神仏にさらけ出す野心　義を重んじるフリ

元亀元年（１５７０）～元亀3年（１５７２）

他人には漏らしたことのない秘め事を、こっそりと神や仏には打ち明ける、そんな経験をもつ方はおられるのではないだろうか。筆者はおろか、上杉謙信とてその1人だ。越中出兵を期した神仏への誓いからは、信心深く義を重んじたイメージとは異なる、全く別の顔が浮かぶ。

元亀《げんき》元年（１５７０）12月、謙信と名を改めた初見史料としても知られる、神仏へ奉じた文《ふみ》が「上杉家文書」に残っている。「春二、三月、越中へ馬を出し、留守中に当国《（越後）》・関東、何事もなく無事にて、越中存じのまま、一篇に謙信手に入れ候わば、明年の一年は必ず日々看経《かんきん》申すべく候なり」と書く。彼の言い分はこうだ。来たる2月か3月に、越中へ攻め込み、その留守中に越後や関東が何ら変わりなく平穏で、越中が思い通りすべて謙信の手中に収まるのであれば、年明けの1年間は必ず毎日欠かすことなく経を読むと誓う。

越中が手中に収まれば

また、その読む量がすさまじい。阿弥陀如来に対して真言３００回と念仏１２００回、千手観音に対して真言１０００回と仁王経《にんのうきょう》2巻、摩利支天尊《まりしてんそん》に対して真言１２００回と摩利支天経2巻に加えて仁王経1巻、日天・弁財天・愛宕勝軍地蔵《あたごしょうぐんじぞう》・十一面観音・不動明王・愛染《あいぜん》明王それぞれに対して真言７００回と仁王経２

巻を読むと誓う。なんと信心が深いことかと思うかもしれない。だが、あくまで神仏が願いを叶えてくれれば実践すると述べており、叶えてくれなければ読まないのだ。しかも、これらの量を毎日読むのは1年という期限を設けている。そもそも本来ならば、読経に励むので願いを叶えてほしいと祈るべきだろう。要するに、順序が逆なのであって、神仏に対する上から目線の願いと断じてよい。なおかつ、越中全土を我が物にしたい野心までさらけ出している。この領土欲こそ本音であろう。

6度目となる越中出兵

春日山城　毘沙門堂跡（現新潟県上越市）

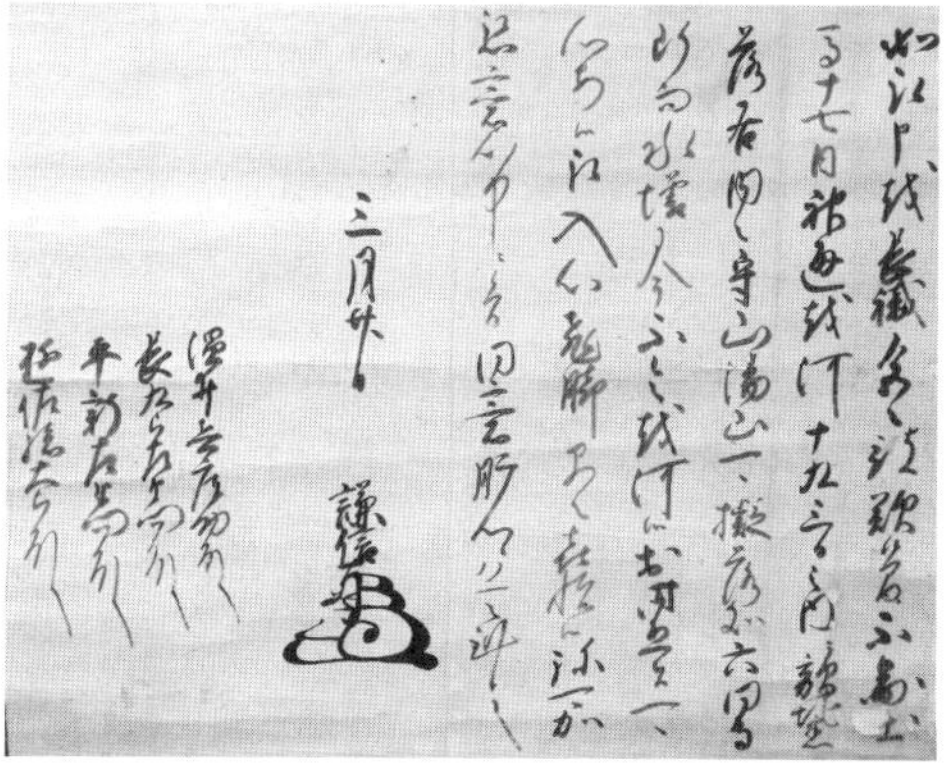

上杉謙信書状（一般財団法人太陽コレクション蔵）

有言実行の謙信。年が明けた元亀2年3月、6度目となる越中出兵に臨んだ。神仏へ誓ったタイミングそのままである。ところが、「一般財団法人太陽コレクション所蔵文書」の能登畠山氏へ宛てた手紙では「長職《ながもと》色々と歎《なげ》かれ候《そうろう》間、図らずも出馬」と述べている。すなわち、神保《じんぼ》長職《ながもと》があの手この手で救いを求めてきたので、やむをえず兵を進めたというのだ。その弁を信じるならば、あたかも受け身な救援出兵のように聞こえる。だが、「栗林文書」に残る謙信の文《ふみ》によると、あらかじめ越中攻めを画策しており、動員する家臣に対して十分な数の供《とも》を引き連れてくるよう命じているのだ。したがって、あくまで謙信の出馬はシナリオどおりの確信犯なのである。

神仏には越中征服の考えを明かしながら、実際には人助けを掲げて兵を起こし、裏では前もって入念な準備を行ったうえで戦いに臨んだわけだ。まさしく二枚舌と断じてよかろう。現代の私たちもそうだが、他人への手紙にありのままの本心を書くとは限らない。義を重んじるフリをした謙信と、筆者が評するゆえんである。

「上杉家文書」に残る、翌元亀3年の6月15日付で出された謙信の願文《がんもん》にも注目したい。その中で「賀州・越中の凶徒ことごとく退散、雑意《ぞうい》消失、越中・信州・関東・越後、藤原謙信分国、右無事安全・長久堅固《ちょうきゅうけんご》」と祈っている。加賀と越中の敵軍が滅び去ることを念じるとともに、越中も信濃（現長野県）も関東も越後も我が分国だとして、それらの地域の平和が末永く続くよう願ったのだ。つまり謙信にとって、もはや越中は自らの領土であり、そこへ兵を進めることは、あくまで自国の防衛なのであって、他国への進攻ではない。義を掲げずとも越中へ押し寄せる訳が、謙信なりに生まれていたのだ。この意識の変化は重要だと思う。

再び反上杉へ

さて話を元亀2年に戻そう。3月に出馬した謙信は、17日に神通川《じんづうがわ》を越え、守山城（現富山県高岡市）・湯山城（現富山県氷見市）へ攻め込もうとしたが、雨で六渡寺川《ろくどうじがわ》（現庄川）が増水して渡れずにいた（「一般財団法人太陽コレクション所蔵文書」）。そのようなアクシデントに見舞われながらも、たちまち敵の城10カ所あまりを奪い、4月までに越後へ戻った（「上杉家文書」）。久保尚文《なおふみ》氏の研究によれば、謙信に援けを乞うた神保長職だが、同年末を最後に活動が見えなくなり、ほどなく亡くなったと考えられ、その後の神保氏は再び反上杉へと舵を切るという。思うに、あからさまに越中での版図《はんと》を広げつつあった謙信の動きと無関係ではあるまい。

ともあれ、この神保氏の手の平返しは、謙信からすれば助けるべき同盟者が越中からいなくなった事実を示す。よって、以降の越中出馬は、支援ではなく侵略としての側面が否応なく濃くなっていくのである。全く同じ頃、関東の北条氏康《ほうじょううじやす》も世を去り、越相《えっそう》同盟が崩れ、北条氏もまた反上杉と化す。にわかに北陸の一向一揆勢も動き出し、謙信は次なる北陸攻めへと臨むことになるのである。

19 行軍を細かく命令　従う僧侶に無理難題

元亀3年（1572）

越中東部へ敵迫る

現代では軍神とも謳《うた》われる武将上杉謙信だが、実際にどのような戦いぶりをしていたかを語る歴史資料はあまり多くない。11度にも及んだ北陸進攻とて同じである。とはいえ、全く無いわけでもない。わずかに残る史料からは、神経質で用心深い、謙信の姿が見えてくる。

元亀《げんき》3年（1572）5月、「上杉家文書」によれば、加賀一向一揆勢が五位庄《ごいのしょう》（現富山県高岡市）まで押し寄せてきた。上杉方は神通川《じんづうがわ》の渡し（詳しい場所は不明）で大敗を喫し、拠点のひとつ日宮城《ひのみや》（現富山県射水市）を明け渡したという。急きょ魚津城（現富山県魚津市）の河田長親《かわだながちか》が援軍に駆け付けて応戦したものの、せっ

日宮城跡（現富山県射水市）

安養寺御坊跡（現富山県小矢部市）

かく手にした越中東部へも敵が迫りつつあった。

越中を我が物と捉えはじめた謙信にとって、これは許しがたい事態である。そこで8月、自ら兵を率いて軍を進め、新庄城（現富山市）へ入ったと「松雲公採集遺編《しょううんこうさいしゅういへん》類纂《るいさん》所収坪坂文書」は記す。このような中、今回の外征に引き連れてきた僧侶らに対して叱りつける謙信の手紙が「上杉家文書」に残っている。それによると、北陸を安定させたいという願いがいつまで経っても叶わないのは、お前たちの祈祷が不十分だからだと決めつけ、大勝をもたらすよう寝る間も惜しんで祈り続けよと、無理難題を命じた。思い通りにいかないのに業を煮やして、その責めを付き従う僧侶たちに押し付けているのだ。ここからは、自己中心的な謙信の一面を知ることができよう。

精鋭部隊への指示

さて、勝ちを確かなものとすべく、謙信は本国の越後から援軍を呼ぶ。やって来たのは、上田衆《うえだしゅう》と呼ばれる謙信の信任厚い精鋭部隊だ。「栗林文書」の中に、彼らへ宛てた謙信の指示書が何通か伝わっている。それらを見ると、命令は驚くほど細かい。

例えば、夜中は指物《さしもの》の旗を隠して行軍し、石田の地（現富山県黒部市）からは旗を掲げて経田《きょうでん》（現魚津市）まで赴き、そこでいったん待機して、経田から先はたくさんの増援が来たように敵へ見せかけるため、槍や旗を多く持ちながら動くよう命じている。さらに、経田を発つのを翌日の夜中と定め、東岩瀬（現富山市）まで浜街道を通り、そこから神通川沿いを進んで、新庄へ来るよう申し付けるとともに、川向かいの敵からの鉄砲攻撃に注意するよう促してもいた。行軍のスケジュールやルートなど、どのように動くかまで、詳しく取り決めているのである。他人任せにするのではなく、こと細かに自らが命じる、これぞ謙信流の戦い方だったのかもしれない。

鉄砲隊も引き連れ

かくして、精鋭部隊の来援によって、がぜん戦況は上杉有利へと傾いてゆく。8月晦日の夜には、上杉軍と一向一揆軍との間で、鉄砲による銃撃戦が繰り広げられている（「松雲公採集遺編類纂所収坪坂文書」）。謙信は鉄砲隊も引き連れていたのだ。

「慶應義塾図書館所蔵文書」によると、翌9月には軍を進めてきた加賀一向一揆勢を迎え撃って安養寺御坊（現富山県小矢部市）の寺内《じない》へ押し込めたほか、一向一揆方の滝山城（現富山市）を攻め落とし、これを焼き払っている。対する一向一揆勢は富山城（現富山市）に集まり、謙信の新庄城とその距離わずか4キロメートルのところで、両軍がにらみ合ったのだ。また、「松雲公採集遺編類纂所収坪坂文書」に残る瑞泉寺《ずいせんじ》からの知らせによれば、同年11月には南加賀の能美《のみ》・江沼《えぬま》両郡の一向一揆勢が援軍に駆け付けている。

このように元亀3年の争いは、両軍がそれぞれ増援を呼ぶことで、その激しさを増しつつあった。謙信北陸遠征11回の中で、最大の激戦といえるかもしれない。

20 自国を守る建前の侵略 椎名康胤を軍門に

元亀3年（1572）～元亀4年（1573）

第7次越中出兵

元亀《げんき》3年（1572）8月に始まる上杉謙信の第7次越中出兵は、これまでと明らかに異なる点がある。それは期間だ。6度目までは、だいたいが1カ月で、長くても3カ月にすぎない。ところが今回は、翌年4月まで在陣すること、なんと8カ月にも及ぶ。思うにこれは、争いの熾烈《しれつ》さもさることながら、戦いの質が変わった反映とみるべきではなかろうか。

その間の軍事経過について謙信は、織田信長に詳しく伝えている。かねてより悪くない仲を保つ2人は、打倒武田信玄で一致し、対武田氏の軍事協力を狙いとした同盟を結んでいた。この時に信長から謙信へ返された手紙が「真田家所蔵文書」に残っている。それによると、ひと月以内に勝ち負けがつくようなら一気に畳みかけ、戦いが長引くようなら和睦を結ぶべきで、いずれにせよ早く越後へ戻って信濃（現長野県）の武田領へ攻め込んでほしいという。

結果的に謙信は、信長のリクエスト通りには動かなかった。短期決戦ではなく長期戦に持ち込み、新しい年を越中で迎えたのである。越年もいとわず逆らう者どもがひれ伏すまでは帰らない、そのような強い意志

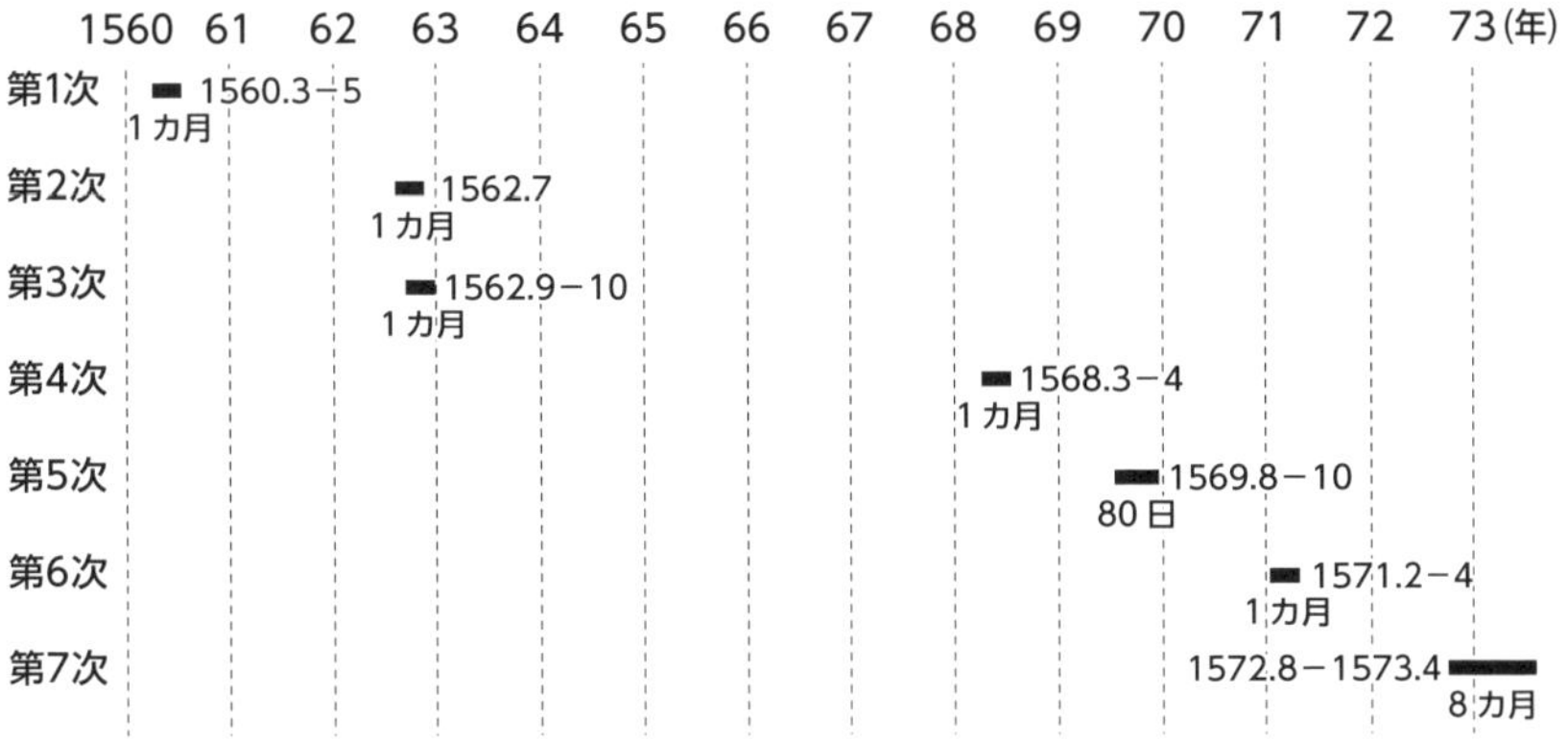

越中出兵在陣期間比較（第1次－第7次）

を感じられよう。実際に謙信は「歴代古案《れきだいこあん》巻一所収文書」の中で、たとえ椎名《しいな》氏をはじめとする敵どもが降参を願い出てきたとしても決して許さず、今後の北陸方面の不安を取り除くために残さず討ち取ると、殲滅《せんめつ》を宣言している。父祖の代からの盟友であった椎名氏への最後通告といってよい。

振り返ればこれまで、本心はともかく、表向きは義を掲げて北陸へ兵を進めてきた。しかし、一向一揆勢はもとより、椎名氏や神保《じんぼ》氏らかつての盟友たちも今となっては皆、領土とみなす越中を踏みにじる敵だ。要するに、謙信の北陸出兵は、自国を守る建前の侵略戦争へと化していったのである。

富山城を包囲

年が明けた元亀4年の正月、「栗林文書」によると、長らく抵抗を続けていた松倉城（現富山県魚津市）の椎名康胤《やすたね》が、ついに上杉の軍門へ降った。その動きを見てか、一向一揆勢も停戦を申し入れてきたらしく、和睦を受け入れる条件として謙信は、彼らが拠点とする富山城（現富山市）からの退去を示したとみられる。その後の経過は「上杉家文書」に詳しい。

富山の地に新たな出城《でじろ》を設け、謙信が越後への帰途についた途端、

富山城跡（富山城址公園、現富山市）

稲荷砦跡（越中稲荷神社、現富山市）

事件は起こる。いったんは退いたはずの一向一揆勢が、いきなり取って返してきたのだ。これは信玄の策謀だという。すぐさま謙信も舞い戻り、彼らを富山城へと追い込む。このため、富山城は再び一向一揆勢が立てこもる巣窟《そうくつ》に帰してしまった。謙信は、稲荷《いなり》・岩瀬《いわせ》・本郷《ほんごう》・二宮《にのみや》・押上《おしあげ》（いずれも現富山市）に砦《とりで》を築き、富山城を包囲して孤立を図ったうえで、あらためて帰国の途へついた。松倉へ立ち寄った後、4月までに越後へ戻っている。こうして、神通川より東をほぼ制圧したと考えてよい。

宿敵信玄の訃報

なお、「吉江文書」に基づくと、引き続き謙信に代わって現地支配を任された河田長親《かわだながちか》は、本拠とする魚津城（現富山県魚津市）の普請《ふしん》を命じ、軍備の強化に乗り出した。一方、「岡田紅陽氏所蔵文書」によれば、かつて椎名氏に属していた者たちの一部が、境や宮崎（いずれも現富山県朝日町）など、越中と越後の国境近辺の海沿いで略奪を働いているという。しかし、このような動きは単発的であり、上杉氏による越中東部の統治は少しずつ浸透しつつあった。

そのような中、誰も予期せぬ訃報が届く。上洛の途にあった宿敵信玄が4月12日に病で亡くなったのだ。享年53。謙信の耳に入ったのは5月上旬頃と思われるが、早くも8月には再び越中へ乗り込む。反上杉の結集核がこの世から消えたことを知り、北陸で版図《はんと》をさらに広げるチャンスとみたのだろう。ちなみに、去る同年2月、信長と将軍足利義昭《よしあき》が、権力をめぐる争いによって袂《たもと》を分かっている。7月に元号を天正《てんしょう》へと改めさせた信長は、天下に号令する地位に昇りつめつつあった。だが、かような信長と謙信の仲も綻《ほころ》びが見えはじめてゆく。

21 由緒ある大般若経を強奪　越後へ持ち去り寄進

元亀4年（1573）

魚沼神社に現存

神仏を篤く崇敬したと伝わる上杉謙信。そのような彼が越中の神社に長く伝わる大般若経《だいはんにゃきょう》を接収し、本国の越後へ持ち去ってしまう。にわかには信じがたい話だが、奪い取ったという大般若経が新潟県の小千谷《おぢや》市内に現存する。ここでは、その大般若経を切り口として、謙信の神仏観に迫ってみよう。

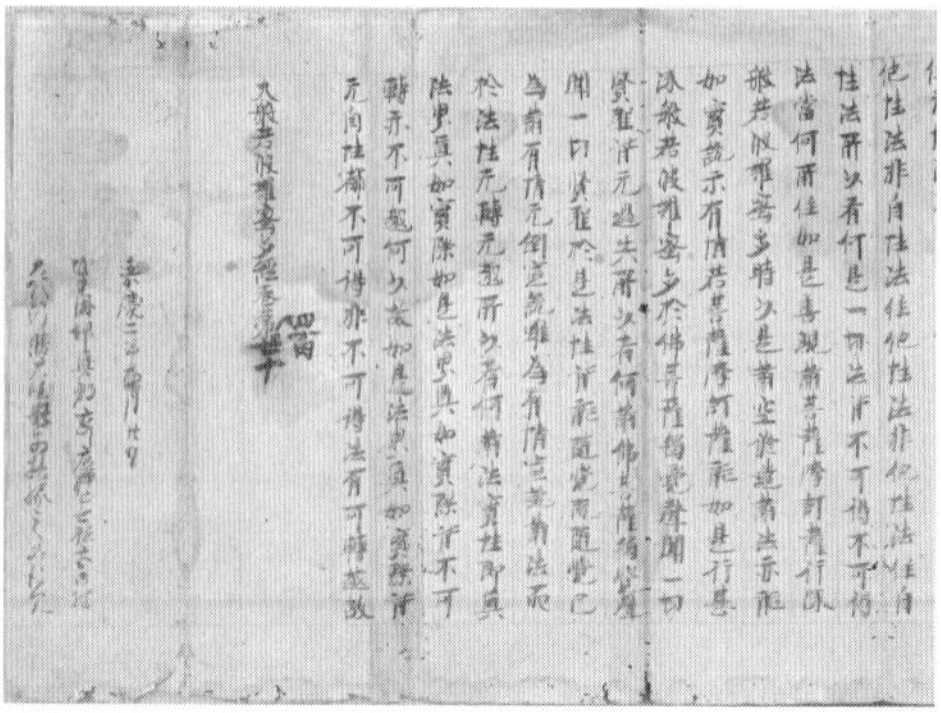
大般若経　巻470（魚沼神社蔵）

魚沼神社　阿弥陀堂（現新潟県小千谷市）

そもそも大般若経とは、三蔵法師と呼ばれた中国唐の時代の僧玄奘《げんじょう》（602年生〜664年没）が、インドから持ち帰った長短様々な般若経典を集大成したものだ。その量は、全体で600巻にも及び、日本では、功徳《くどく》を得るために盛んに書写されてきた。文化《ぶんか》6年（1809）に刊行された地誌『新編会津風土記』の魚沼神社（現新潟県小千谷市）を解説した部分に「大般若経　上杉謙信、越中国に乱入の時、七社明神《しちしゃみょうじん》より乱妨《らんぼう》し来たりて、当社に奉納すと云う」と記されている。これによると、謙信が越中へ進攻した際に七社明神にあった大般若経を奪い去り、魚沼神社へ寄進したという。

実は今も同社には、その大般若経555巻が伝えられている。45巻ほど足りないが、『新編会津風土記』に「欠巻あり」と書かれており、すでに江戸時代後期の段階で失われていた巻があったようだ。それでも、各経巻の末尾に記されたメモである識語《しきご》から、様々なことが分かる。

例えば、書写された時期は至徳《しとく》3年（1386）から応永《おうえい》3年（1396）で、南北朝時代末期から室町時代初期の頃にあたり、かなり古い。また、実際に書き写したのが、帝龍寺《たいりゅうじ》や経力《きょうりき》（いずれも現富山市）の長福寺（退転して現存しない）に属する僧侶たちだと判明する。彼らは大般若経を書き写すことで善行を積もうとしたのだろう。さらには、書写することを頼んだ者の多くが、神通川《じんづうがわ》近辺に住んでいたことも分かる。彼らは、宮ケ島《みやがしま》、新保《しんぼ》、任海《とうみ》、押上《おしあげ》、塩《しお》、笹津《ささづ》など（いずれも現富山市）の村々の関係者で、書写にかかる消耗品代や人件費などを負担することによって、功徳を得ようとしたのだろう。

押上七社宮の宝物

くわえて、彼らが大般若経を寄進した先が「押上七社宮」と呼ばれる神社だった事実も明らかとなる。現在そのような名をもつ神社は残っていないものの、これが『新編会津風土記』に出てくる「七社明神」を指すとみてよい。謙信軍の乱暴狼藉によって廃絶に追い込まれてしまったのだろうか。

さて、謙信が大般若経を持ち去った時期だが、先述した第7次越中出馬の元亀《げんき》4年（1573）正月に、上杉軍は押上の地に砦を築いている（「上杉家文書」）。この際に押上近辺まで兵を進めたことは疑いない。したがって、同年頃に押上七社宮に押し入り、宝物を強奪していった可能性が高いとみられる。戦利品として本国の越後へ持ち帰り、魚沼神社へ奉納したのだろう。富山から200キロメートル以上も離れた地に運ばれたのである。なお、天正《てんしょう》16年（1588）に著された『魚沼神社年中行事記』によれば、謙信によって奉納された後、実際に神前で転読されていたらしい。

ともあれ、謙信は自らが信仰する神社に寄進するのだから、敵国の神社の宝物を奪ってもよいという、独善的な考え方の持ち主だった。決してすべての神仏を崇敬したわけではない。

新潟県中越地震

時は過ぎて平成13年（2001）3月、魚沼神社の大般若経は新潟県指定文化財に指定された。そもそも作られた地は富山であり、越中の神社で200年近くにわたり保管されてきたので、複雑な思いを抱く北陸の人もいるかもしれない。とはいえ、謙信が奉納してから実に400年以上にわたって越後の地で宝物として受け入れられてきたわけであり、その長い歴史も揺るぎないだろう。

ところが、県指定を受けてからわずか3年後、平成16年10月23日にマグニチュード6・8の新潟県中越地震が襲う。震源地に近い小千谷市でも、最大震度6強の揺れを観測する。家屋の全半壊など被害が市内で続出する中、魚沼神社でも重要文化財の阿弥陀堂をはじめとして、多くの建物に損壊が生じた。そのような状況下ではあったが、氏子の方々のご尽力により、いち早く大般若経を含む所蔵資料の多くが救い出され、不幸中の幸いにも、取り返しのつかない事態を避けることができたのである。

たしかに、この大般若経は、神仏を深く敬う謙信イメージに再検討を迫る貴重な物的証拠と評価できよう。だが一方で、400年以上にもわたって大切に守り伝えられてきた、かけがえのない文化財であることも忘れてはならない。

第5章

能州蹂躙

22 越中攻めで信長と断交　宿敵たちと同盟

天正元年（1573）～天正4年（1576）

8度目の越中出馬

同じ永禄《えいろく》2年（1559）に上洛した上杉謙信と織田信長。顔を会わせたことは無い2人だが、互いに付かず離れずの絶妙な友好関係を保ってきた。しかし、両雄は並び立たず、いずれ対決に至るのだが、はたしてその別れの非はどちらにあるのだろうか。

天正《てんしょう》元年（1573）8月、信長は越前（現福井県東部）の大名である朝倉義景《よしかげ》を滅ぼす。さらに加賀へも兵を進め、能美《のみ》・江沼《えぬま》両郡の一向一揆勢を追い詰めて、有利なかたちでの和睦を結んだ（「西本願寺所蔵文書」）。この後、再起した越前一向一揆勢をも制圧した越前の地には、柴田勝家《かついえ》、前田利家《としいえ》、佐々成政《なりまさ》ら名だたる勇将たちが入ることとなる。織田家が誇るエース級が北陸方面に投じられたのだ。12月に信長は、東北の伊達政宗《まさむね》に対して「若狭・能登・加賀・越中、皆もって分国として存分に属し候《そうろう》」と伝えている（「伊達家文書」）。北陸諸国が織田領になったと語るのは大げさな宣伝といえようが、信長もまた北陸征服の意志を明らかにした点で興味深い。

かたや謙信も同じ8月に北陸へと押し寄せる。早くも8度目の越中出馬だ。来たる関東攻めのために兵を進めたと述べる手紙が「維宝堂古文書」に残っており、後顧の憂いを断つべく遠征に乗り出したわけだ。ところが、対する越中一向一揆勢がほどなく停戦を求めてきたため、謙信はそれを受け入れて越後へ引き揚げた。おそらく何らかの好条件を示されて応じたのだろう。なお、越中に在陣したのは「下条文書」によると、わずか数日だったらしい。謙信襲来の報を聞き、すぐさま白旗をあげたということか。

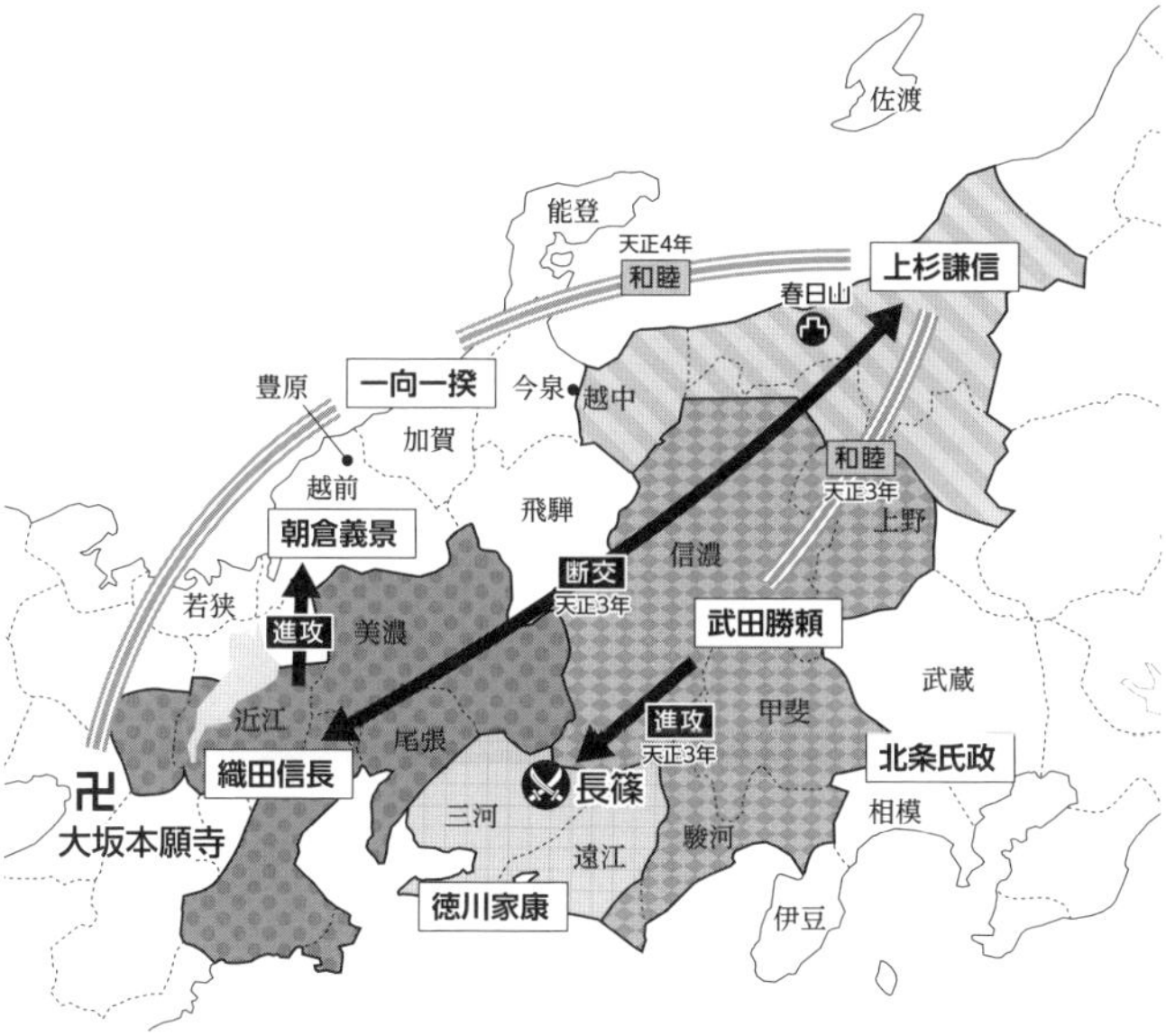

天正元年（1573）頃の勢力図

第9次北陸攻め

さて、謙信と信長は、亡き信玄の跡を継いだ武田勝《かつ》頼《より》を、力を合わせて倒すため作戦を練っていた。「今清水昌義氏所蔵文書」によれば、翌天正2年9月に同時に攻め込むべく話し合いを重ねている。ちょうどこの頃、越中代官の河田長親《かわだながちか》は、今泉城（現富山市）の普請《ふしん》を命じるなど（「長岡市立科学博物館所蔵文書」）、防備を固めるのに余念が無い。けれども、この挟撃計画はどうやら流れたようだ。ちなみに、同年末に謙信は出家し、法体となっている。

そのような中の翌天正3年、先んじて勝頼が織田方の三河（現愛知県東部）へ兵を進め、5月に両軍はぶつかった。世にいう長篠の戦い（現愛知県新城市）であり、織田の鉄砲隊が武田の騎馬隊を大いに打ち破り、信長側の圧勝に終わる。この機を逃さず信長は、一気に武田領である信濃（現長野県）への進攻を企む。そして、今こそ共通の敵である武田を消し去るチャンスだと、謙信に出陣を強く促したのだ。謙信がどう動いたかは「諸州古文書冊十六所収文書」に残る信長の手紙が詳しく記す。それによると、同年7月、あろうことか信濃ではなく越中へ向かったという。盟友への義よりも自国の利を優先した、第9次北陸攻めである。

信長は「是非《ぜひ》も無き題目《だいもく》に候《そうろう》、連々首尾相違《れんれんしゅびそうい》、表裏《ひょうり》の為躰《ていたらく》」（とんでもない話で、いままで申し合わせてきた約束を破っており、裏切りの有り様だ）と厳しく非難した。「謙信公御書一所収文書」によれば、謙信は一気に加賀まで兵を進めて火を放ち、足早に翌月には本拠の春日山城（現新潟県上越市）へ戻ったという。ただ、その真意は明らかでない。

また、『当代記』は「信長の命に背き、北国《ほっこく》の能登へ発向し、かの国を平均せば天下へ上《のぼ》るべきの由を企てる」と記す。謙信が信長との約束を破って能登方面へ進んだのは、その国を制したのちに上洛へと向かう算段だったからという。これが事の真相かを確認する術《すべ》は無いのだが、かくして両者の断交は決定的となった。

信長の野望

怒りの冷めやらぬ信長も黙っていない。さっそく同年8月に大軍を北陸へ差し向けた。先発を命じられたのは明智光秀《みつひで》と羽柴秀吉、いずれも信長の信頼篤い部将である。彼らは、まず手はじめに越前の一向一揆勢を根絶やしにしたうえで、豊原（現福井県坂井市）まで攻め入った（「小畠文書」）。そして、加賀一向一揆の支配圏である加賀南部、さらにはその先にある上杉氏のテリトリーをも射程に入れ始めたのだ。

翌月までに光秀は、信長から加賀国代官職《かがのくにだいかんしき》に任じられている（「弘文荘善本目録所載文書」）。加賀を奪って織田領化するという、信長の野望の表れであろう。そして光秀は、信長へ降参してきた面々を迎え入れるために

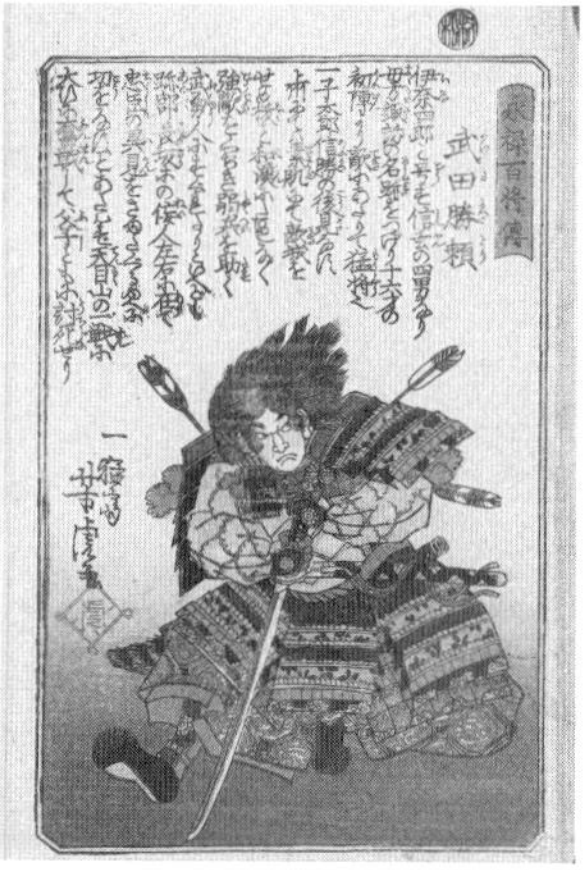

永禄百将伝　武田勝頼
（富山市郷土博物館蔵）

太平記英勇伝　明智光秀
（富山市郷土博物館蔵）

加賀入国を果たしたらしい。けれども、その後すぐに丹波・丹後（現京都府北部）への転戦を命じられている（「小畠文書」）。したがって、あくまで一時的に加賀支配を託されただけだったと考えるのが無難だろう。

かくして光秀は退き、秀吉もしばらくして中国攻めに投じられるものの、代わって柴田勝家、丹羽《にわ》長秀《ながひで》、滝川一益《かずます》ら歴戦の重臣たちが大将格となり、前田利家、佐々成政、佐久間盛政《もりまさ》らが脇を固めるという、信長軍団屈指のメンバーを誇る北陸制圧部隊を引き続き編成した。打倒謙信を胸に秘めた力の入れ具合が感じられよう。なお、秀吉は2年後に再び北陸戦線へ送り込まれることとなる。

一方の謙信は、同年末までにライバル武田勝頼と和睦を果たした。さらに、諸国の一向一揆勢を束ねる門主《もんしゅ》の本願寺顕如《けんにょ》とも、翌天正4年2月までに同盟を結ぶ。いずれも反信長を掲げる者たちである。要は、近く訪れる信長とのバトルに備え、幾度も刃を交えてきた宿敵たちと手を携えたのだ。その点、極めてリアリストと評してよい。

このような経過をたどりながら、天正3年から4年にかけて、北陸の上杉包囲網は再び揺れ動く。謙信にとっての敵が一向一揆から信長へと変わったのである。

23　能登へ突然の宣戦布告　越中をほぼ制圧

天正4年（1576）

御屋形様と呼ぶ

織田信長と手を切り、かわって武田勝頼《かつより》、本願寺顕如《けんにょ》らこれまでのライバルたちと同盟を交わした上杉謙信。いつからか、自らの国を守るためと称して北陸へ攻め込み、越中での領土を大きくしていった。そしてその矛先は能登へも向けられていく。

本願寺門主《もんしゅ》の顕如が謙信と結んだことをうけて、越中一向一揆勢の頭目である瑞泉寺《ずいせんじ》（現富山県南砺市）と勝興寺《しょうこうじ》（当時は富山県小矢部市、現富山県高岡市）はともに、上杉の軍事指揮下に入った。また、尾山《おやま》御坊（現石川県金沢市）を拠点とする加賀一向一揆勢も、謙信のことを御屋形様《おやかたさま》と呼ぶまでに至る（「笹生氏所蔵文書」）。彼らは迫りくる宿敵信長の大軍に向き合うため、上杉家臣団の一員となる道を選んだのだろう。

しかし、鉄の結束を誇ったかのような印象すらある一向一揆勢とて、必ずしも一枚岩だったわけではない。竹間芳明《ほうみん》氏の研究によれば、謙信との和睦をめぐって激しい内部対立が起こっていたという。その後、親謙信派が反謙信派をあらかた粛清し、上杉へ従うことで定まった。謙信という招かれざる敵が襲来することによって、既存の地域秩序に動揺がもたらされたのだ。ともあれ、こうして謙信は、越中や加賀でさらに版図《はんと》を広げたのである。

義昭側につく

この間、信長に京を追われて鞆《とも》（現広島県福山市）へ落ち延びていた将軍足利義昭《よしあき》は、都に返り咲く手助けを何度も謙信へ呼びかけてきた。天正《てんしょう》4年（1576）4月になって謙信は、ようやく思わせぶりな答えを返す。秋には京へ赴く意志を「福山志料巻三十一所収文書」に残る手紙で示したのである。名実ともに信長との仲を断ち、義昭側につくと明らかにしたわけだ。7月には、「北国《ほっこく》衆」を引き連れて織田の支配エリアへ攻め入ると語っている（「上杉家文書」）。北国衆とは、越中や加賀の謙信方勢力を指すのだろう。

瑞泉寺（現富山県南砺市）

勝興寺（現富山県高岡市）

「吉川家《きっかわけ》文書」によれば、謙信は越前（現福井県東部）方面へ向かうと義昭へ伝えていた。上洛に乗り出す思惑を吐露《とろ》したとみてよい。しかし、実際に兵を進めたのは越前ではなかった。旧暦で秋も半ばとなった8月になると、まずは能登を平らげて上洛への準備を調えると「上杉家文書」中の書状で語っている。振り返れば、能登は謙信と親しい勢力が多い地ではなかったか。要するに、能登に対する突然の宣戦布告といってよい。東四柳史明《ひがしよつやなぎふみあき》氏は、信長に通じた能登畠山氏重臣の長続連《ちょうつぐつら》らを倒すことが狙いと説く。また、川名俊氏は、状況次第で能登畠山氏が織田方と結ぶことを恐れたためと推測する。

いずれにせよ、以前のように能登を追われた畠山義続《よしつぐ》・義綱《よしつな》父子の七尾城（現石川県七尾市）復帰を支援するかたちをとっていない点に注意したい。義を重んじるのであれば、いまだ存命中の2人を擁して能登へ攻め込むべきではなかったか。「尊経閣《そんけいかく》文庫所蔵文書」に残る謙信の書状は「御入洛《ごじゅらく》の儀に就《つ》き、仰せ出さるる旨に任せて出馬せしめ、北国《ほっこく》を一篇に申し付ける」と記す。つまり、義昭の上洛を実現するため、彼の命令に従って兵を挙げ、北陸を平定すると述べているわけである。将軍家の再興を義として掲げたと捉えてよい。

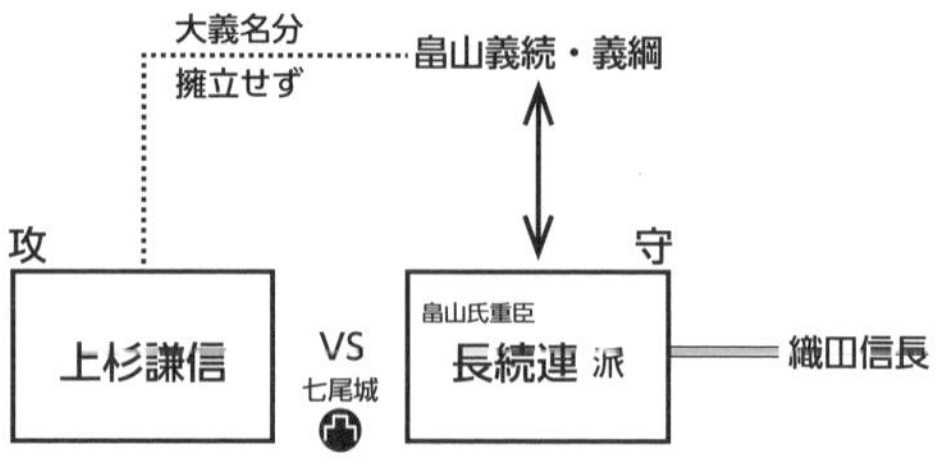

第1次七尾城の戦い

第10次北陸出兵

そして、謙信は翌9月に動いた。第10次北陸出兵の始まりである。敵は、自国に災いをもたらす信長と彼に与《くみ》する者たち。越中や加賀の一向一揆勢も従えて、義昭復権への協力を口実に、能登へ目がけて押し寄せていったのだ。同月8日、栂尾《とがお》城（現富山市）、増山城（現富山県砺波市）を攻め落とし、飛騨（現岐阜県北部）との国境に2カ所の砦を築き、湯山城（現富山県氷見市）も今日には奪うと「栗林文書」で述べている。おそらくは、神保長職《じんぼながもと》亡き後に反上杉と化した神保氏の拠点を次々と陥れていったのだろう。11月には、能登畠山方の本拠である七尾にまで進軍しており（「雑録追加三所収文書」）、この頃までに越中一国をほぼ制圧したと考えてよい。

だが、難攻不落の呼び声高い七尾城は、さすがの謙信も手を焼いたらしく、「尊経閣文庫所蔵文書」によ

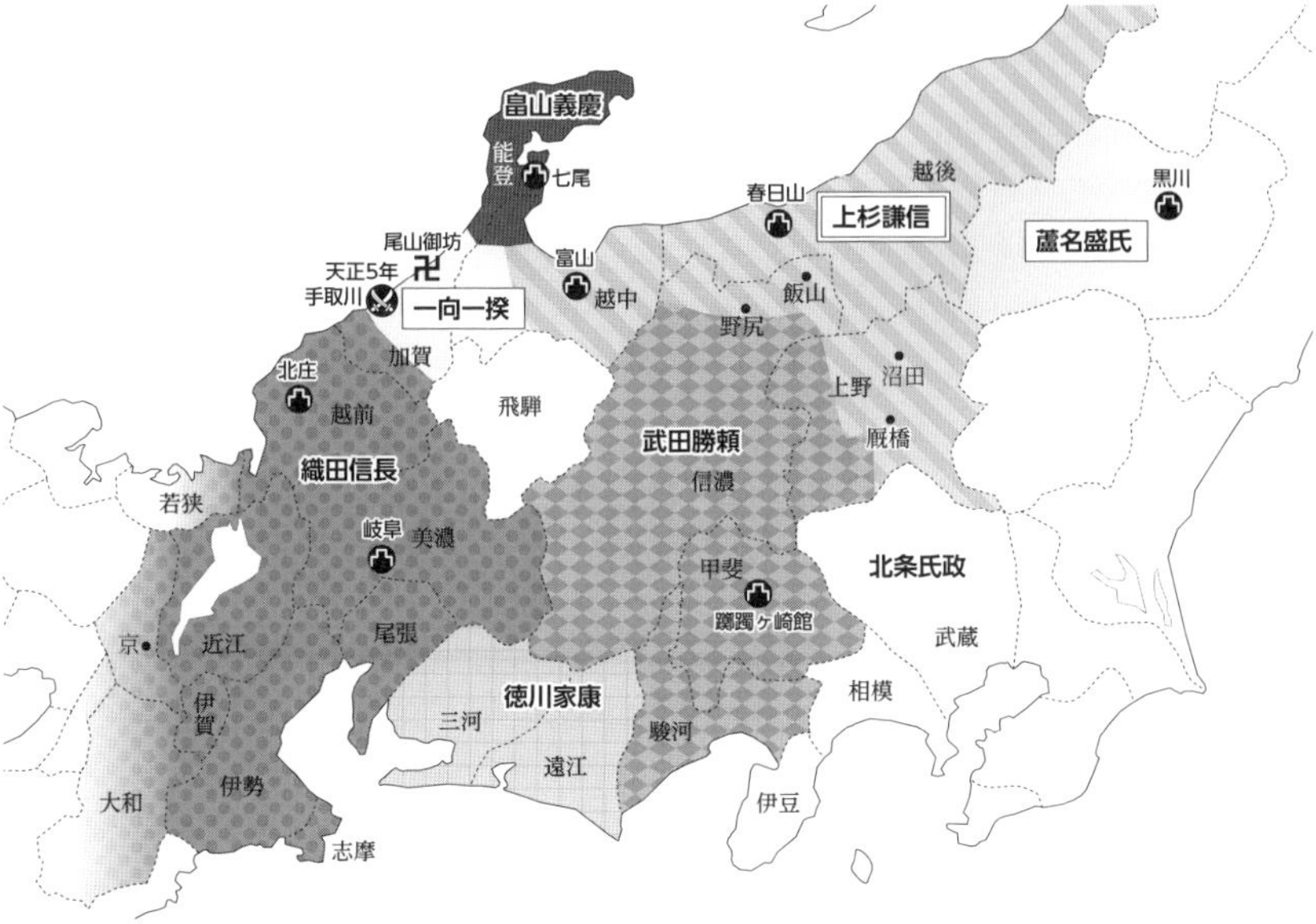

天正4年（1576）頃の勢力図

れば、翌年2月になっても攻めあぐねている。つまり、新しい年を七尾の陣中で迎えたわけで、越年もいとわない意気込みが伝わってくるようだ。だが、出馬から8カ月が経ったところで、やむなく七尾攻めをいったん諦め、帰国の途へついた。同年4月のことである。

なお、「雑録追加三所収文書」に残る謙信家臣の手紙は「御手《おて》を取るべきの由、最も肝要《かんよう》に候《そうろう》、先《ま》ず老《おとな》しき者ども御用に参り、走り廻るにおいては少しも濫妨《らんぼう》これ有るまじきものなり」と書く。これによると、千《ち》路《じ》や鹿島路《かしまじ》（いずれも現石川県羽咋《はくい》市）、尾崎や水白《みじろ》（現石川県中能登町）など能登の村々に対して、味方につくことが何よりも大切であり、まずはそれぞれの村の指導者たちが謙信のもとへ赴き、上杉のために力を尽くすことを誓うならば危害は加えないと述べている。村々の平和をいともたやすく約束する度量の広さを示しているようにもみえるが、逆にいえば、その忠告に応じなければ安全の保証は無いと突き付けているのだ。完全に脅しである。能登に住む者たちにとって謙信は、決して義を重んじる英雄などではない。

24　名城の七尾を攻め取る　奥能登までも平定

天正5年（1577）

11度目の北陸攻め

自ら兵を率いて国外へ打って出る戦いに、生涯で計40回ほども身を投じた上杉謙信。その終わりを飾るのが11度目の北陸攻めだった事実は、あまり知られていない。もちろん本人とて、これがラストの遠征になるとは、よもや想像だにしていなかったであろう。

天正《てんしょう》5年（1577）7月、加賀で上杉方につく者たちが、謙信に出馬を促した。おそらく、柴田勝家《かついえ》・羽柴秀吉率いる織田信長軍の攻勢に押されつつあったためだろう。早くも翌月に謙信は求めに応じ、同8日には魚津（現富山県魚津市）までやって来たと「上杉輝虎《てるとら》公記所収河上文書」は記す。また、「信長出張の由《よし》申し廻《めぐ》らし候《そうろう》間、累年の望み、この節に候」と述べている。すなわち、信長本人が出陣してきたとの噂を聞き、かねてからの願いを叶えるのは今この時だという。つまり、北陸の地で信長との決着をつけたいと語っており、そのような思いを胸に秘め、先の出兵から越後へ戻ってわずか3カ月、再び北陸めがけて行軍を始めたのだ。

対する織田軍は、勝家と仲違いした秀吉が無断で帰国する事態を招いたものの、小松・本折《もとおり》・安宅《あたか》（いずれも現石川県小松市）、富樫《とがし》（現石川県金沢市）などを焼き払いながら迫ってきた（『信長公記《しんちょうこうき》』）。ただし、謙信が聞

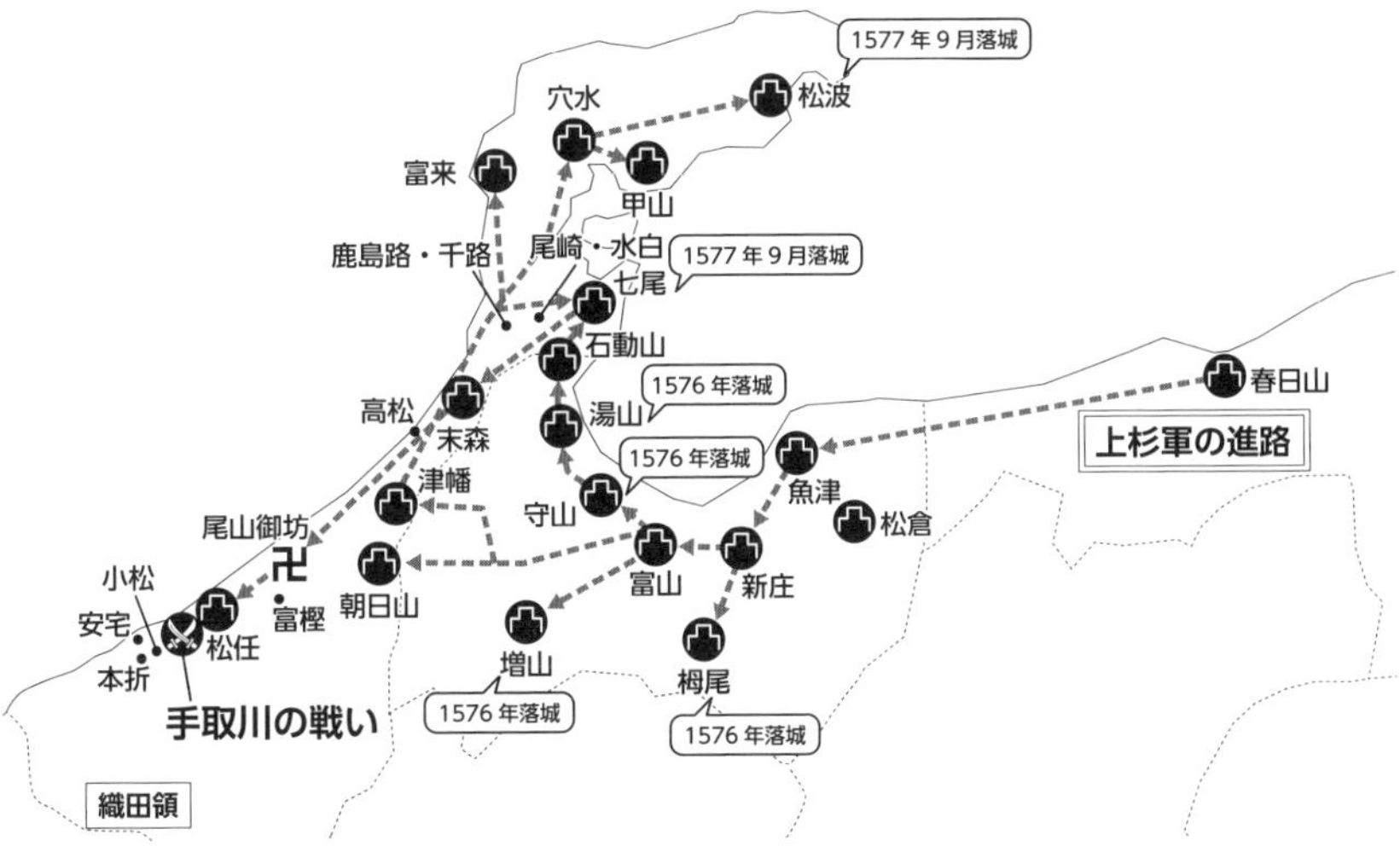

第10・11次　謙信北陸出兵関連地図

きつけていた信長じきじきの出馬は、フェイクニュースだ。9月10日に勝家や丹羽《にわ》長秀《ながひで》・滝川一益《かずます》ら織田軍の宿老たちが発した手紙が「宮川文書」に残る。その情報に基づくと、松任《まっとう》城（現石川県白山市）を押さえた彼らは、昨日からの雨で宮腰《みやのこし》川《がわ》（現犀川《さいがわ》）の水が増して全く渡れずにいた。また、末森《すえもり》の地（現石川県宝達志水《ほうだつしみず》町）を守る味方からの報告によれば、すでに高松（現石川県かほく市）には３０００人に上る上杉の大軍が布陣しており、能登国内の百姓たちはこぞって謙信方へつく状況にあったという。織田軍の具体的な兵数は分からないが、上杉軍が優勢に立っていたとみてよい。

遊佐続光のクーデター

そして、前回は長く攻めあぐねていた七尾城（現石川県七尾市）だったが、9月11日にあっさりと謙信の手へ帰した。なぜか。その顛末《てんまつ》を「信玄公宝物館所蔵文書」が詳しく記す。すなわち、能登畠山氏重臣の遊佐続光《ゆさつぐみつ》が城内でクーデターを起こし、信長派の中心人物である長続連《ちょうつぐつら》ら一党１００人ほどを討ち取り、謙信軍を中へ招き入れたのである。

なお、遊佐はたびたび上杉との外交を担ってきた筆頭重臣

七尾城本丸跡（現石川県七尾市）

松波城跡（現石川県能登町）

だ。にもかかわらず、衰えゆく畠山氏に見切りをつけ、いち早く寝返ったらしい。主家に弓引く不義を働いた遊佐だが、今後の能登支配の要として謙信に重く用いられてゆく。おそらく、これまでの縁から、謙信とは早くに気脈を通じていたと考えてよい。謙信の方も、義を以て不義を誅するばかりではなく、時に調略を巧みに用いながら、硬軟織り交ぜるかたちで敵を搦《から》めとっていったのだ。

老後の面目に候

長氏の一族にはことごとく切腹を申し付け、名城と称される七尾を攻め取った謙信は「都鄙《とひ》の覚え、老後の面目に候」（世に聞こえるほどで、老いた我が身にも名誉なことだ）と述べて大いに喜んだという（「信玄公宝物館所蔵文書」）。そして、急きょ命じた城内の普請《ふしん》の完成を見届け、越後への帰路につく意思を示した。

つづいて同月25日には、奥能登エリアを治めていた松波《まつなみ》畠山氏の本拠である松波城（現石川県能登町）も攻め落とし（「松波義親肖像賛」）、あっという間に能登一国を制圧してしまった。まさしく疾風のごとき速さと呼ぶほかない。そして、この間の9月23日に行われたとされる上杉軍と織田軍との決戦が、世にいう手取川《てどりがわ》の戦い（現石川県白山市）である。両軍がまともに相まみえた、最初にして最後の合戦といえるだろう。いずれが北陸の覇者かを決する大一番であった。

25 越後と加越能4カ国に君臨　名実ともに北陸の覇者

天正5年（1577）

信長は思ったよりも弱く

天正《てんしょう》5年（1577）9月、上杉謙信は手取川《てどりがわ》（現石川県白山市）で柴田勝家《かついえ》率いる織田信長軍に大勝したという。けれども驚くことに、信じるに足る同時代史料は、このあまりにも著名な戦いの実像について、多くを語らない。

我々がよく聞く手取川の戦いは、およそ以下のようなストーリーである。数万騎を擁する織田軍が、手取川近くに布陣した。対する謙信は、能登と越中の軍勢を先発隊として差し向けたのち、自らも出馬する。そして、同月23日の夜中、織田軍を蹴散らし、1000人余りの首を討ち取った。命からがら生き残った織田軍の人馬は、折からの雨で水かさが増した手取川へと追いやられ、ことごとく押し流されてしまったという。事実とすれば、おそらくそれも、非情な謙信の狙い通りだったのではないか。

この大勝をうけて、謙信が「案外に手弱《てよわ》の様体《ようてい》、この分に候《そうら》わば、向後《きょうこう》天下までの仕合《しあわせ》、心安く候」（信長は思ったよりも弱く、このような感じだと、今後の上洛に至るまでの道のりは何も案じることはない）と豪語したエピソードはよく知られている。しかし、その名ゼリフを含めて、戦いの詳細を述べた謙信の手紙は、実物が

手取川古戦場（現石川県白山市）

太平記英勇伝　柴田勝家
（富山市郷土博物館蔵）

残っていない。写しが「歴代古案《れきだいこあん》巻一」に収められているのだが、日付は矛盾しているほか、宛所は長尾和泉守《いずみのかみ》なる謎の人物であり、文言や表現に不自然な点が多く、信頼できる歴史資料ではないと断じる研究者もいる。筆者も同じ考えをもつ。あえて誤解を恐れずに言うならば、実はそのような手取川で繰り広げられた大合戦は無かったのではないか。

ただし、別の日時や場所でそれに類する戦いがあった可能性は高い。例えば、9月11日に謙信軍が加賀国内で800人に及ぶ敵兵を討ち取ったことを「赤井龍男氏所蔵文書」は記す。七尾城（現石川県七尾市）を攻め落としたのと同日である。よって、謙信参陣の有無や戦いの規模はともかく、信長方を敗走させる戦いが行われたことは事実と認めてよかろう。これが江戸時代以降に、手取川の戦いという名で語り継がれるようになったのかもしれない。今後の検討課題の一つである。

意気揚々たる凱旋

劣勢に立たされた織田軍は、御幸塚《みゆきづか》（現石川県小松市）に砦を築き、佐久間盛政《もりまさ》に守備を任せた。さらに大聖寺《だいしょうじ》（現石川県加賀市）にも砦を備えたのち、10月3日には勝家たち主力の大部分が兵を越前（現福井県東部）へと退いたのである（『信長公記《しんちょうこうき》』）。かくして、越中はおろか能登や北加賀まで

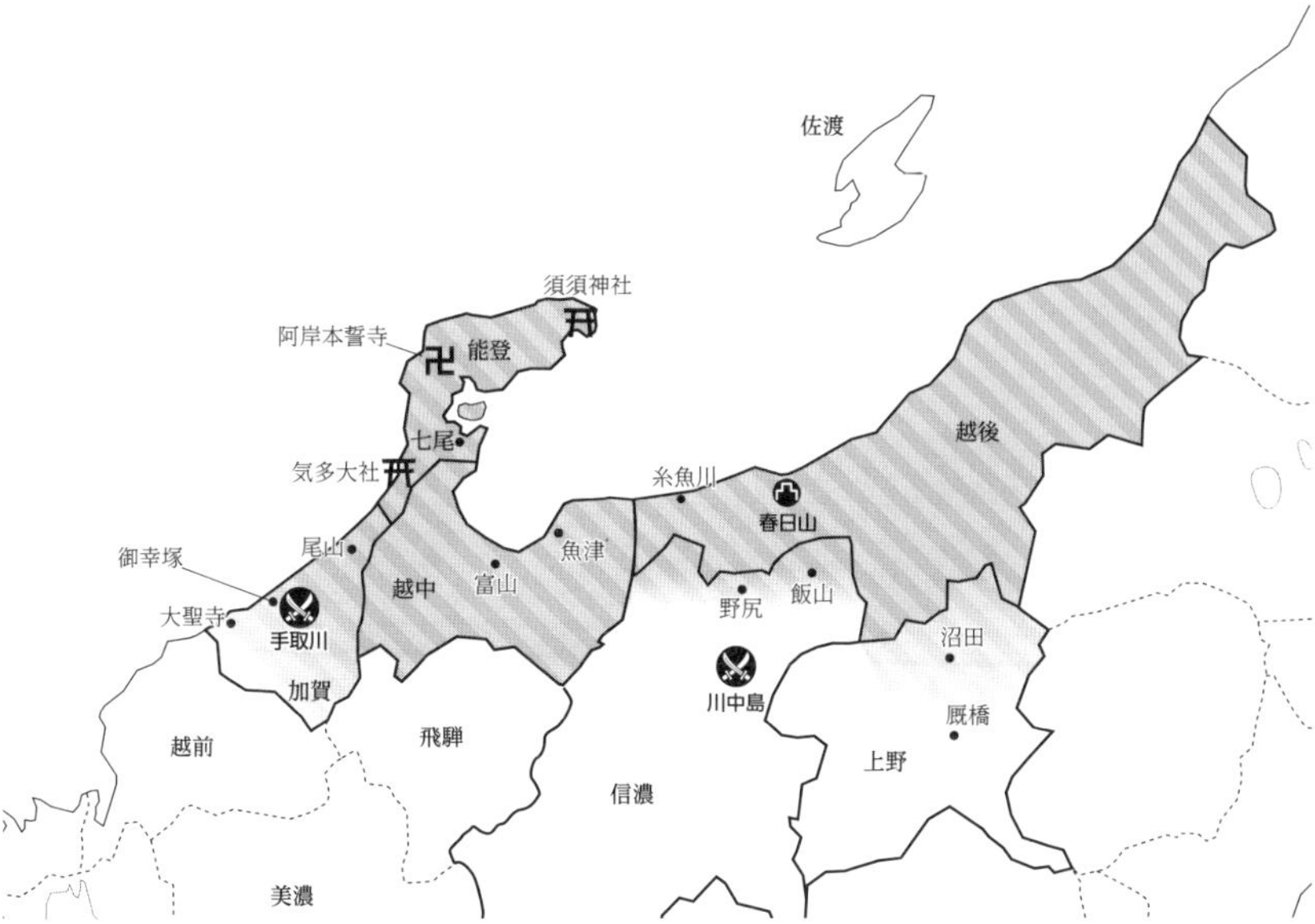

上杉謙信の最大勢力範囲　天正5年（1577）末

支配圏に組み込んだ謙信、その生涯で最も広い版図《はんと》を築き上げたのだ。越後を含む加越能4カ国に君臨する全盛期を迎えたといえる。その意味で、通説のごとき手取川での大勝は無かったにせよ、やはり織田軍を撤退に追い込んだ戦いの意味は大きい。

謙信は11月に本拠の春日山城（現新潟県上越市）へと戻るが、さぞかし意気揚々たる凱旋《がいせん》だったのではないか。翌12月には、養子の景勝に習字の手本として「家中《かちゅう》名字《みょうじ》尽《づくし》」なるものを与えている。これだけ聞けば、父と子のほほえましいやり取りにすぎない。だが、この「家中名字尽」は、上杉氏家臣と当時みなされていた者たちを一覧化したものである。上野《こうずけ》（現群馬県）・越後・越中・能登・加賀の地域順に、重臣・譜代・国衆など実に81名もの人名が列記されているのだ。愛する我が子に自らの力を知らしめようとしたのだろうか。

その中には、越中や能登の武士らはもちろん、瑞泉《ずいせん》寺《じ》や勝興寺《しょうこうじ》といった越中一向一揆勢に加え、遊佐《ゆさ》続光《つぐみつ》や温井《ぬくい》景隆《かげたか》たち畠山氏旧臣のほか、下間頼純《しもつまらいじゅん》・七里頼《しちりより》周《ちか》ら加賀一向一揆勢の関係者まで記されている。このことから、征服した越中や能登だけでなく、加賀の面々も謙信軍団に編成されたことが明らかだ。耳慣れぬ表現かもしれないが、名実ともに戦国北陸の覇者に昇りつめたと評してよい。

能・越・賀、存分の侭

かような謙信の威勢は、近隣の大名も頷《うなず》くところであった。例えば、「早稲田大学図書館所蔵文書」によると、会津黒川（現福島県会津若松市）を本拠とする大名の蘆名盛氏《あしなもりうじ》は、謙信が能登と加賀を平定したことに関して祝辞を述べている。加賀全土の制圧こそまだ成しえぬものの、北陸に謙信の敵なしというのが、諸国に知れ渡っていたにちがいない。

また、「仁科盛忠《にしなもりただ》氏所蔵文書」に残る、翌天正6年の2月に出した謙信の手紙には、覇者としての余裕さえ感じさせる。そこには「能・越・賀、存分の侭《まま》に申し付け、越前も過半は手に属し候」と記す。つまり、すでに能登・越中・加賀は我が意のままに命令することができる国であり、いまや越前の大部分も思い通りになりつつあると説く。何ともご満悦な謙信の笑みが目に浮かぶようだ。とはいえ、いまだ越前は織田方の巣窟である。謙信の次なるターゲットは越前であったと思しい。関東や信濃（現長野県）では領土拡張をなかなか実現できないでいたが、ここ北陸では破竹の勢いで分国化を進めていったのである。ところが、謙信の余命は後わずかに迫っていた。

太平記英勇伝　上杉景勝
(富山市郷土博物館蔵)

26 絶頂期の中での急逝　拭い難い北陸の疲弊

天正6年（1578）

人執りを禁じる

本国の越後を含めて加越能4カ国の大部分を掌中に収め、戦国北陸の覇者となった上杉謙信。しかし、自他ともに認める絶頂期は、わずか半年であった。自らの手で上杉氏の全盛を築いたのも束の間、病で突如として世を去ってしまう。彼の晩年はどのようなものだったか、北陸との関わりを中心に述べたい。

能登全土を制圧した謙信は、天正《てんしょう》5年（1577）11月、名代として重臣の鯵坂長実《あじさかながざね》を七尾城（現石川県七尾市）に置き、支配を委ねる。鯵坂は、上杉方へ降った畠山氏旧臣の遊佐続光《ゆさつぐみつ》とともに、13カ条に及ぶ能登の統治方針を制札に定めた（「上杉家文書」）。かねてからの寵臣という立場らしく、謙信からの絶大な信頼をみることができよう。

ちなみに、阿岸本誓寺《あぎしほんせいじ》（現石川県輪島市）に残る謙信の家臣が出した禁制《きんぜい》によると、人執《ひとと》りをすることのないよう固く戒められている（「阿岸本誓寺文書」）。人執りとは人をさらうことを指し、捕まえた者たちを売り飛ばしたりするのだ。いわゆる人身売買である。わざわざ禁令を通知せねばならぬほど、上杉軍の間で人執りが横行していた状況を推察できるだろう。ただし、このような戦場での人さらいは、多くの戦国大名が繰

阿岸本誓寺（現石川県輪島市）

須須神社（現石川県珠洲市）

り返していたことであり、とりたてて上杉軍が非道というわけではない。

作人これ無し

上杉氏にとって能登の平定はめでたい限りだが、攻め込まれた側は災難と呼ぶほかなかろう。例えば、「乗念寺文書」には「謙信打ち入りにより、作人《さくにん》これ無し」という悲惨な実情が綴られている。上杉軍が襲いかかる中で、仕事に励むべき百姓が逃げ出し、一人もいなくなってしまったというのだ。もちろん大なり小なり誇張はあろうが、争いの場となった北陸の疲弊《ひへい》は拭い難いものだったのである。

そのほか、「須須《すず》神社文書」によると、奥能登に鎮座する須須神社（現石川県珠洲市）の別当寺《べっとうでら》を勤める高《こう》勝寺《しょうじ》の僧侶たちが、寺に永く伝来してきた古文書のすべてを謙信へ差し出し、安堵《あんど》を求めている。新たな統治者たる謙信からの保証をもらわなければ、もはや立ち行かなくなる差し迫った状況と化していたと捉えてよい。能登の一宮である気多《けた》大社もまた、これまで通りの支配を認めるお墨付きを謙信から得ている（「気多神社所蔵文書」）。大きな寺社とて、征服者謙信にひれ伏すほかなかったのだ。

年が明けた天正6年1月、「歴代《れきだい》古案《こあん》巻九所収文書」によると、謙信は関東への進攻を決め、越中の武将らにも参加を命じている。だとすれば、能登や加賀の者たちに対しても、軍役が課されたと考えられよう。ところが、この出兵は幻に終わる。3月13日、なんと謙信が本拠の春日山城（現新潟県上越市）で病没したのだ。享年49。

四十九年一睡夢

「上杉謙信寿像裏書」は、「未刻頓滅《ひつじのこくとんめつ》」（午後2時頃に突然亡くなった）と記す。死因は「不慮の虫気《むしけ》」という（「上杉家文書」など）。思いがけない腹痛に見舞われたらしいが、俗説が語る厠《かわや》で倒れたのかは定かでない。臨終について、『当代記』によれば「一期栄華《いちごのえいが》有一盃、四十九年一睡夢《いっすいのゆめ》」と七言《しちごん》の漢詩を途中まで詠むも、その後を続けることなく息を引き取ったという。この世の栄華はひと口で飲み干す杯のようであり、49年の我が生涯はひと眠りで目にする夢のようなものだといった意味だろうか。絶頂期を迎えていた中での急逝であった。

気多大社（現石川県羽咋市）

謙信が亡くなった事実は、たちまち家中に知れ渡るところとなる。むろんその報は、七尾城の鰺坂の耳にも入っていた。「謙信公御書重而《かさねて》出ル全所収文書」によると、早くも3月18日に鰺坂は、能登国内の防衛にあたっていた上杉諸将たちを七尾城に呼び付け、謙信の死を伝えたところ、みな驚きを隠せなかったという。いかに想像だにせぬ急な死であったかを物語っている。

そもそも歴史に「たられば」は無い。だが、もしも謙信がいま少し長く生きていたならば、北陸の領土を足がかりにして上洛へと向かい、信長の天下を脅かす存在となっていたことは疑いないだろう。

27 わずか5年で織田領へ　寵臣たちのその後

天正6年（1578）以降

御館の乱

天正《てんしょう》6年（1578）3月に上杉謙信が没した後、征服なった北陸エリアはどうなったのだろうか。ここではエピローグとして、能登代官の鰺坂長実《あじさかながざね》、越中代官の河田長親《かわだながちか》ら、北陸に置かれた寵臣たちのその後の動向を押さえながら、織田信長との攻防の行く末をたどりたい。

世継ぎを定めぬ中での謙信の急逝は、上杉家中を二分する深刻な内乱をもたらした。2人の養子、景勝《かげかつ》と景虎《かげとら》が春日山城と御館《おたて》（いずれも現新潟県上越市）を主な舞台に、骨肉の家督争いを始めたのだ。世にいう「御館の乱」である。その余波は、もちろん北陸にも及ぶ。どちらにつくのか、否応《いやおう》なく選択を迫られたのである。

能登の上杉方を束ねる鰺坂は、「謙信公御書重而《かさねて》出ル全所収文書」に基づくと、国内を守る諸将たちを集めた場で、景勝に従う誓詞血判状を出させたという。つまり、いち早く景勝方としての旗色を鮮明にしたのである。一方、越中の統治を任されていた河田は、出家して名を禅忠と改めた。おそらくは、自らを見出してくれた主君の死を深く悼み、仏門に入ったのだろう。出家の身となったものの、越中の上杉方をまとめる役割を引き続き担う河田だが、景勝につくか、景虎につくか、すぐには態度を示さなかった。

月岡野の戦い

煮え切らないスタンスの河田へ、上杉のもとから離れるよう促してきたのが信長だ（「上杉家文書」）。けれども、さすがに河田は色よい返事をしなかったらしい。そこで、いよいよ全面対決へと事は動く。『信長公記《しんちょうこうき》』の説くところでは、信長はかつて越中で勢威を誇った神保《じんぼ》氏の血を引く神保長住《ながすみ》に対して、兵を率いて越中へ攻め込むよう命じる。そして、同年9月までに長住が津毛《つげ》城（現富山市）へ入ったことをうけ、翌10月には今泉《いまいずみ》城（現富山市）に籠もっていた河田が、未明に城下を焼き払って撤退を始めた。自焼没落《じしょうぼつらく》である。それをみた織田軍は、追撃して月岡野《つきおかの》の地（現富山市）で戦いに及び、河田勢を大いに打ち破ったという。

織田軍に不覚をとった河田だったが態勢をたてなおし、「伊佐早謙採集文書」によると、この頃までに景勝方へつくことを表明し、12月には兵を引き連れて越後をめざした。ところが、国境を越えて糸魚川《いといがわ》（現新潟県糸魚川市）までたどり着いたところで、急きょ越中へ飛び戻る（「上杉定勝古書集所収文書」）。推し測るに、織田軍の脅威が再び迫ったのだろう。任地の敵襲に悩まされる中、お家の騒動にも関わらざるをえないのだから、多忙かつ心労も極まったにちがいない。

今泉城跡（現富山市）

追放・粛清・病死

能登の鯵坂もまた、越後へ赴く準備をしていたが、翌7年3月に景勝が景虎を自害に追い込んだことで、その出陣は立ち消えとなった。こうして内憂である御館の乱は収束へと向かうが、外患である織田軍の攻勢は緩まなかった。『長家家譜《ちょうけかふ》』によれば、同年8月頃に能登畠山氏の旧臣たちが、

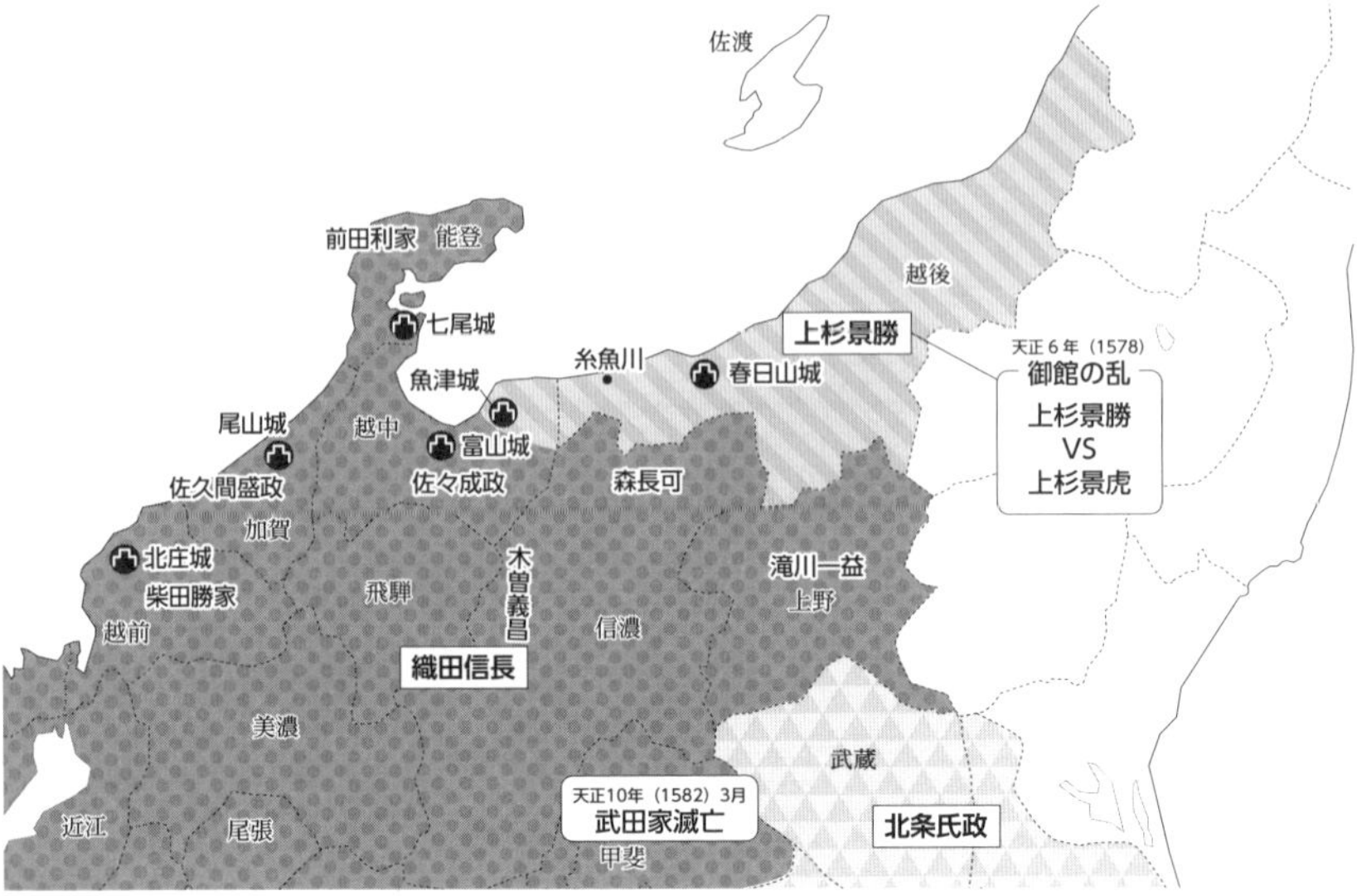

天正10年（1582）5月頃の勢力図

窮地に立つ上杉を見限って叛旗を翻《ひるがえ》す。そして、鯵坂を七尾城（現石川県七尾市）から追放し、翌8年には城を織田方へ明け渡して軍門に下った。なお、その後の鯵坂のゆくえを語る歴史資料は見当たらない。

さらに織田軍は同年内に柴田勝家《かついえ》が加賀一向一揆の本拠である尾山御坊（金沢御堂、現石川県金沢市）を攻め落とし、加賀を平定する。つづいて、同じ年に前田利家《としいえ》が能登一国を制圧した。翌9年には遊佐続光《つぐみつ》が信長の命令で粛清されている（『信長公記』）。残る越中は、同年に大黒柱の河田が松倉城（現富山県魚津市）で病死し、信長が本能寺で倒れた後になるが、とうとう天正11年に佐々成《なり》政《まさ》によって併呑《へいどん》されてしまう。

かくして、謙信がこの世を去ってわずか5年で、河田や鯵坂・遊佐ら北陸支配を委ねられた寵臣たちも消え、越中・能登・北加賀の領土は、こぞって織田領と化す。その後の加越能3カ国が、いずれも前田家の支配のもと近世社会を迎えたことを考えると、謙信襲来とは北陸戦国時代のクライマックスを告げる、嵐のような出来事だったといえるだろう。

第6章

伝承生起

28 江戸期に広まる義の美談　敵に送った塩は能登産？

永禄10年（1567）

山鹿素行が語る

義を何よりも重んじる上杉謙信という神話めいたイメージ。それは、いわば後世に創り上げられた虚像なのではないか。ここでは、謙信の義を語るうえで外せない「敵に塩を送る」美談がどのように広まり、定着していったのか、一例として探ってみたい。

たとえ憎き敵であっても困っていれば助けの手を差し伸べる諺《ことわざ》の「敵に塩を送る」。その由来は、諸大名から塩の流通を差し止められて困り果てた甲斐《かい》（現山梨県）の武田信玄が、謙信に対して塩の提供を願い出て、謙信がそれに応じたというものだ。しかし、このエピソードは、信頼しうる同時代史料からは裏付けることができない。にもかかわらず、なぜ今日これほどまでに広く知れ渡る逸話となったのだろうか。

筆者が調べた限り、本エピソードは、寛文《かんぶん》3～5年（1663～65）頃に刊行された『山鹿語類《やまがごるい》』に初めて登場する。この史料は、かの有名な兵学者である山鹿素行《やまがそこう》（元和《げんな》8年〈1622〉生～貞享《じょうきょう》2年〈1685〉没）が語った内容を、彼の弟子たちがまとめたものだ。その中に「北条氏康《うじやす》・織田信長牒《ちょう》し合わせて、甲州へ塩どめのありし時、謙信使節を甲州へ遣わし、北条・織田、我が国よりも塩どめ仕《つかまつ》るべきの旨を云うといえども、我これに同じからざる也、弓矢は盛んに取るべし、塩をば何ほども送るべきの由をいえり、もっとも剛操風流の武将と云うべきなり」と記されている。

これによると、謙信は北条氏康と織田信長の両人から、武田氏が治める甲斐への塩の商いを断つように求められた。けれども、戦いは大いに行うが、塩はどれだけでも送ると、信玄へ申し伝えたという。山鹿素行は、そのような謙信を剛操風流の武将だと褒め称えている。素行が塩留めのストーリーをどこから知りえたのかは分からない。とはいえ、『山鹿語類』の出版によって、山鹿流兵学の師が語った逸話というかたちで、世に広まっていったと考えられるだろう。

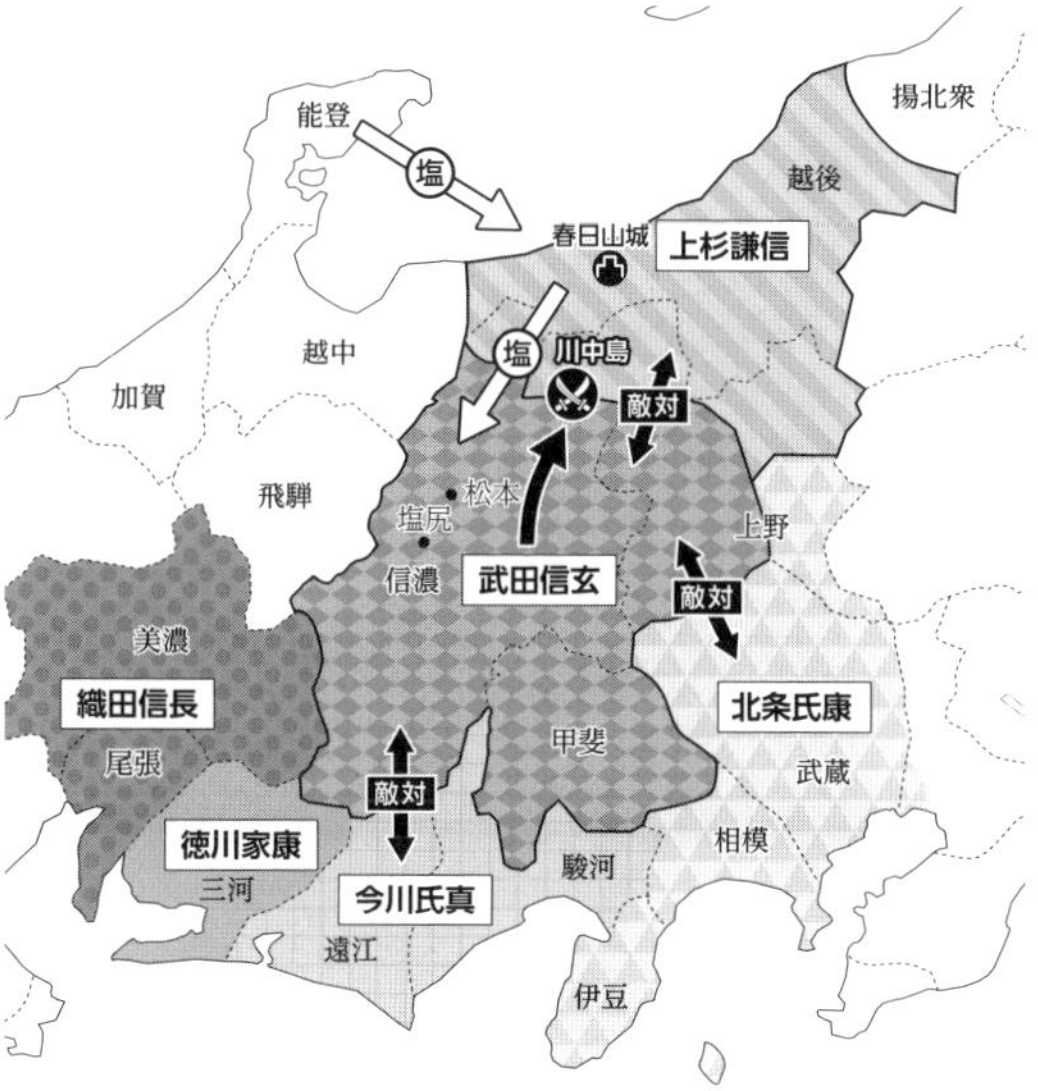

永禄10年（1567）頃の塩留め関係図

正史によるお墨付き

そして、元禄《げんろく》9年（1696）に上杉家（米沢藩）が編纂した謙信の伝記『謙信公御年譜《ごねんぷ》』の中で、敵に塩を送ったのは永禄《えいろく》10年（1567）の出来事として、年次まで確定したかたちで具体的に紹介されるに至った。翌元禄10年に作られた軍記物『北越軍談《ほくえつぐんだん》』でも、敵に塩を送ったことがしっかり言及されている。ただし同書は、塩留めを求めたのが駿河《するが》（現静岡県中部）を本拠とする今川氏真《うじざね》だと記す。信長ではなく氏真が、舅の氏康と結託して仕組んだという筋書きは、享保《きょうほう》5年（1720）に出版された『甲源武田三代軍記』な

永禄百将伝　武田信玄
（富山市郷土博物館蔵）

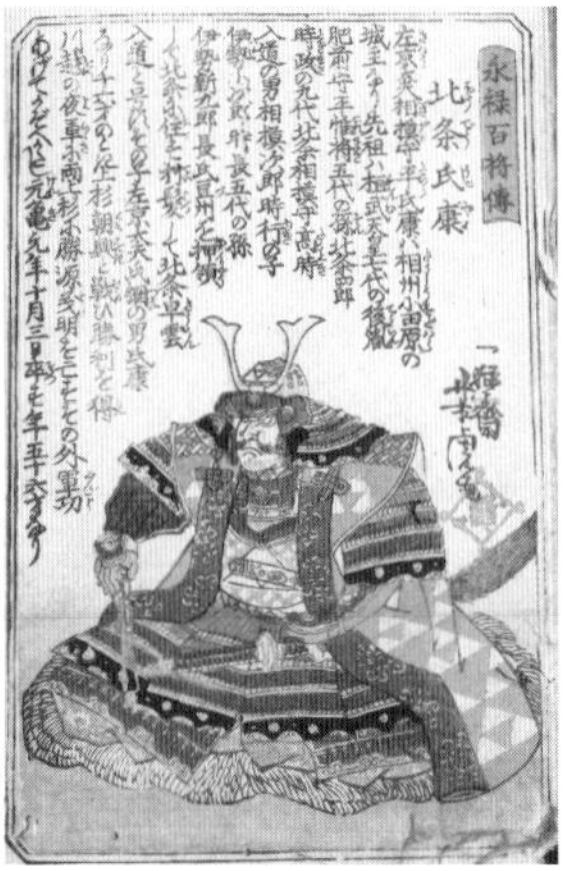

永禄百将伝　北条氏康
（富山市郷土博物館蔵）

ど18世紀以降に編まれた諸書に見られ、現代まで定着していったと思しい。

ともあれ、近世を代表する知識人や上杉家の正史によるお墨付きを得て、義の美談は実《まこと》しやかに語られるようになり、庶民向けの軍記物にも取り入れられ、それらが出版されることで、巷間《こうかん》で知られていったと想定できるのではないか。また、岡山藩の儒学者である湯浅常山《じょうざん》が元文《げんぶん》4年（1739）に著した『常山紀談《じょうざんきだん》』にも記されており、すでに江戸時代中期には全国的に知られつつあったようだ。

時は経ち、大正元年（1912）に長野県の松本尋常高等小学校がまとめた『松本郷土訓話集』によると、謙信が信玄へ送った塩は能登産のものだったという。江戸時代の松本城下町では1月11日に塩が松本へ届いた日として塩市が開かれていたらしく、現在も飴市と品物を変えながらも松本の新春を告げる風物詩として毎年盛大に行われている。いずれも史実に基づいたものとは認めがたいが、伝承が様々な尾鰭《おひれ》を付けながら浸透していく具体例として捉えることができよう。謙信という武将が後世に与えた影響を示すものとしても貴重である。

ただし、謙信の実像をたぐり寄せるうえでは、史実と伝承を切り分けることが強く求められるだろう。謙信神話の虚像を剥《は》ぐ、その作業はまだ緒についたばかりなのかもしれない。

29 霜が満ちた軍営はどこか　黒幕に越後流軍学者

天正5年（1577）

古くから異なる説

いま一つ、北陸にまつわる謙信神話に切り込もう。「霜は軍営に満ちて」から始まる漢詩は、上杉謙信が天《てん》正《しょう》5年（1577）に能登へ押し寄せた際、9月13日の月夜に詠《よ》んだという、人口に膾炙《かいしゃ》するものだ。けれども、本当に詠んだのかと問われれば、これまた残念ながら同時代史料による確証は得られない。にもかかわらず、なぜ広く知れ渡っていったのか、その過程を筆者なりに素描してみよう。

まず先に、謙信が陣中で作ったという漢詩の読み下しと現代語訳を掲げておく。「霜は軍営に満ちて秋気《しゅうき》清《きよ》し　数行《すうこう》の過雁月三更《かがんつきさんこう》　越山《えつざん》并《あ》わせ得たり能州の景　さもあらばあれ　家郷《かきょう》遠征を念《おも》う」。霜が陣中を覆い、秋の気配は清々しく、空を数列の雁が渡ってゆく。そして見えるは真夜中の月。山々を越えて手繰《たぐ》り寄せたのは能登の大地。ふるさとの者ははるかな旅路を案じていようが、もはやそのようなことはどうでもよい。

私たちは七尾城（現石川県七尾市）攻めの陣で詠んだ謙信の姿をすぐさま思い浮かべがちだが、古くから異なる説もみられる。例えば、元禄《げんろく》10年（1697）に著された軍記『北越軍談《ほくえつぐんだん》』は、能登を平らげた後、水橋（現富山市）の砦まで戻った夜に催した月見の宴で詠んだものと記す。また、元文《げんぶん》4年（1739）に書かれ

月百姿　上杉謙信
（東京都立中央図書館特別文庫室蔵）

甲越勇将伝　宇佐美定行
（東京都立中央図書館特別文庫室蔵）

た『常山紀談《じょうざんきだん》』も、越中で諸将を集めて月を愛でた際に詠んだ詩と見なしていた。このほか、富山藩士の野崎伝助が文化《ぶんか》12年（１８１５）にまとめた史書『肯搆泉達録《こうこうせんだつろく》』では、越中の射水《いみず》郡に陣を布いた時の詩として紹介する。いずれの書物も、詠んだ地を能登ではなく越中としている点で共通するのだ。

頼山陽と宇佐美定祐

それでは逆に、能登で詠んだと語る歴史資料は何があるだろうか。筆者が調べた限り、文政《ぶんせい》9年（１８２６）に儒学者の頼山《らいさん》陽《よう》（安永《あんえい》9年〈１７８０〉生～天保《てんぽう》3年〈１８３２〉没）が上梓した『日本外史《にほんがいし》』に行き着く。これによると、天正5年9月11日に謙信が七尾城を落として2日間にわたり兵を休めた後、13日に諸将を陣中に集めて催した酒宴の場で披露した自作の詩だという。流れからして、場所は七尾とみてよい。つまり、幕末から明治期にかけて最も読まれた歴史書と呼ばれる『日本外史』において、七尾の陣中で詠まれた漢詩として紹介され、巷間《こうかん》へ一挙に広まったのではなかろうか。

ただし、これは頼山陽の創作ではない。思うに彼は、宝永《ほうえい》8年（１７１１）に出版された宇佐美定祐《さだすけ》が著した軍記『北越太平記《ほくえつたいへいき》』の言説を取り入れたにすぎないだろう。『北越太平記』は「謙信は七尾城を九月十一日に乗っ取り、直《じき》にこの城へ入る、両日人馬を休め、十三夜は名月なれば、諸大将を集め、和漢の会あり、謙信も絶句の詩並びに和歌一首を賦《ふ》らる」と記す。その筋書きは『日本外史』とうりふたつであり、頼山陽が同書を参照していた可能性は極めて高い。

高橋修氏の研究によると、宇佐美定祐は紀州徳川家に仕えた越後流軍学者で、謙信の軍師をつとめた宇佐美定行《さだゆき》（架空の人物）の子孫を名乗り、虚実入り混じる上杉関係伝記をいくつも編んだという。『北越太平記』はフィクションを巧みに織り交ぜた謙信軍記の集大成であり、出版されたことで多くの読者を得たらしい。七尾の陣中において9月13日の名月を眺める宴で詠んだ漢詩というストーリーは、その宇佐美によって創り上げられたのではないか。要するに、いわば黒幕である越後流軍学者の作品を介して、頼山陽の『日本外史』に組み込まれて世に広まり、現代に至る通説の位置を占めるようになったと捉えられるだろう。

30 兵火の伝承もつ社寺多く　加越能で140カ所以上

永禄3年（1560）～天正6年（1578）

蜃気楼を見た

今でも北陸には、上杉謙信にまつわる逸話が少なくない。しかもそれらは英雄譚ばかりではなく、義の武

謙信御手植えの松（現富山県黒部市）

御陣乗太鼓之地 石碑（現石川県輪島市）

将らしからぬ伝承も多く残る。良くも悪くも様々な言い伝えが現在まで続いているのは、それだけ謙信と北陸の関わりが深かった証と考えられるだろう。

例えば、生地《いくじ》温泉（現富山県黒部市）は謙信が発見した伝説をもつ。近くには、自ら植えたといわれる松の木が今もその樹勢を残す。また、魚津（現富山県魚津市）で重臣の柿崎景家《かげいえ》らとともに蜃気楼《しんきろう》を見た故事や、天正《てんしょう》元年（1573）に越中へ攻め入り魚津城外にたむろした時に「武士《もののふ》の よろいの袖を かたしきて 枕に近き はつかりの声」と和歌を詠んだ話もあり、現地には歌碑が建つ。そのほか、越中白山総社（現富山市）の御神体である観音様は、謙信の念持仏といわれている。さらには、能登へ押し寄せてきた謙信軍を追い払うために、名舟《なぶね》（現石川県輪島市）の人たちによって囃《はや》し立てられたのが輪島名物「御《ご》陣乗太鼓《じんじょだいこ》」の起こりともいう。ただし、どれも本当かは分からない。

これらのほか、富山市内に残る馬瀬口《ませぐち》の地名は、永禄《えいろく》9年（1566）に謙信が越中へ攻めてきた際に常願《じょうがん》寺川《じがわ》を渡った時、瀬が早く馬のたてがみまで水しぶきを打ち上げたことから付けられたと伝わる。ちなみに、その際に謙信は、豪族五十嵐次郎左衛門《じろうざえもん》の館に陣を構えたところ、館の前に守護神と崇める毘沙門天が祀られているのを喜んで田地を献じ、兵たちの士気を高めるために神酒の取り合いを催した。その逸話が元となっ

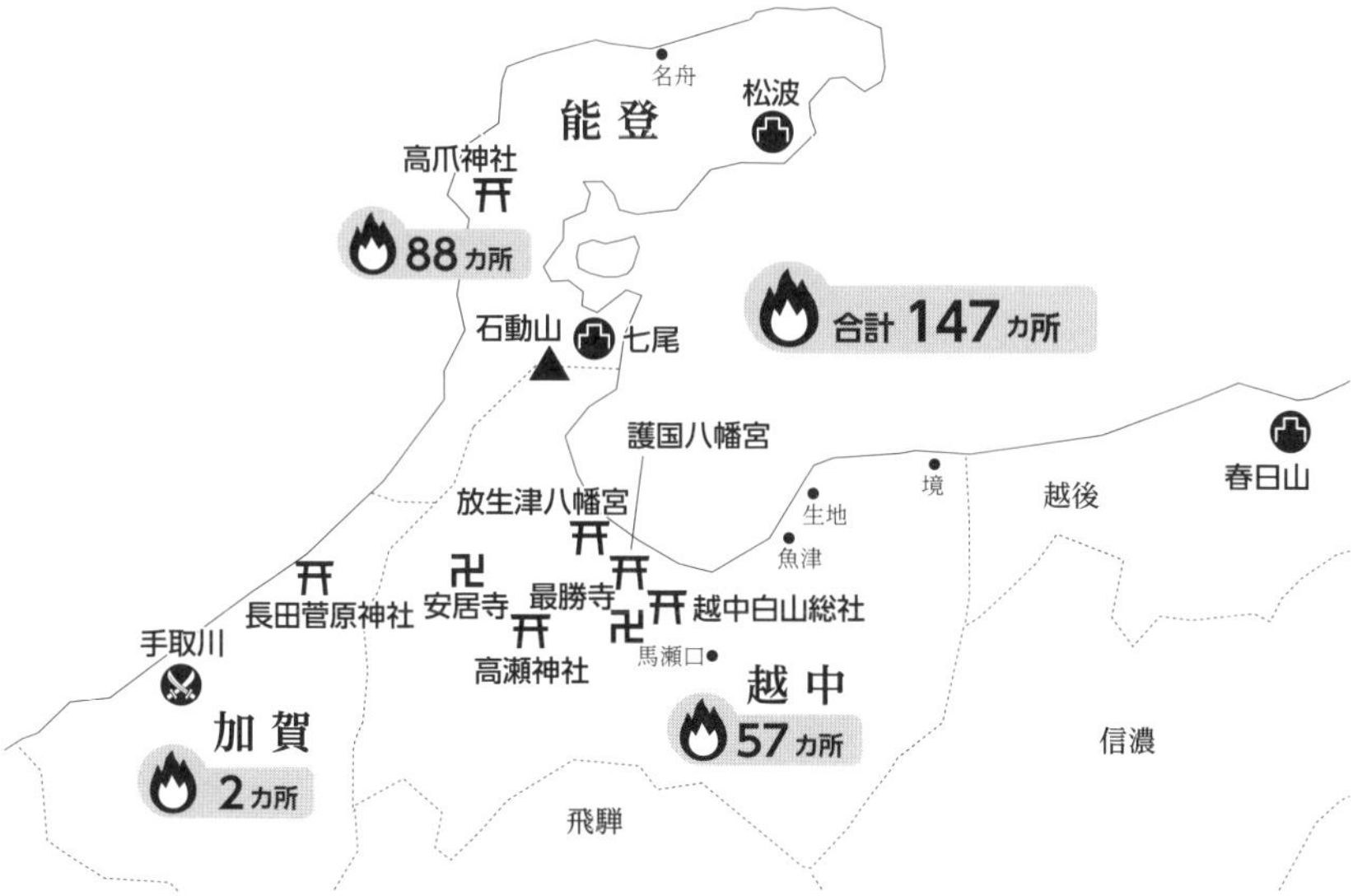

上杉軍の兵火を受けたと伝わる主な寺社

て、明治時代末期まで春祭りの日に「毘沙門天の酒奪い祭」の行事が続けられたという。永禄9年に謙信が越中へ攻め込んだ史実は見られないが、今も馬瀬口天満宮（現富山市）には毘沙門天像が祀られている。

宗派に例外なし

ところで、襲来した謙信軍による兵火を受けた伝承をもつ寺社は、筆者が調べた限り、石川・富山両県で実に147カ所に及ぶ。その一覧は、参考までに付録として掲げておいたので、ご参照いただきたい。あまりの数に驚くばかりである。中には、高瀬神社や安居《あんご》寺《じ》（いずれも現富山県南砺市）など、著名なところも含む。寺院に目をやると、北陸に広まった浄土真宗や曹洞宗だけでなく、謙信が崇めた真言宗も焼かれるなど、宗派に例外なく火を放たれている印象をもつ。

地域別の数でみていくと、能登が88カ所と突出して多い。東四柳史明《ひがしよつやなぎふみあき》氏は、謙信が能登へやって来て各地を焼き払い、その時に古文書もなくなったと伝えられ、昔から能登にとっては非情な侵略者として捉えられてきたと説く。ついで越中が57カ所、加賀はわずか2カ所にとどまるものの、筆者のリサーチとて必ずしも十分ではないので、今後まだまだ増えるにちがいない。調査を進める中で、木曽義仲《きそよしなか》や佐々成政《なりまさ》に焼かれた伝承を語る寺社もいくつか見つけたが、あくまでもそれらは少数であった。やはり謙信に火を放たれたと訴える寺社の多さが目を引く。

もちろん、いずれの伝承も江戸時代以降の歴史資料で述べられるものばかりで、謙信が生きた同時代史料から裏をとれるものは、ほとんど無きに等しい。したがって、伝承を史実と即断することはできまいが、謙信の闇を照らすエピソードが驚くほど多く残るのは、攻め取られた北陸地域ならではの特色と評するべきだろう。

31 焼失のがれた神楽鈴　上杉軍の放火を目撃?

永禄11年(1568)または元亀2年(1571)

護国八幡宮、堂社回禄

越中の護国八幡宮(現富山市)は、上杉謙信の軍勢による兵火を受けた伝承をもつ寺社の一つだ。江戸時代後期の文化《ぶんか》12年（1815）に書かれた『肯搆泉達録《こうこうせんだつろく》』に、同社と謙信に関する興味深いエピソードが載せられているので紹介したい。

『肯搆泉達録』は、富山藩校広徳館の学正（今でいう教員）を勤めた野崎伝助によって、越中に関する史実や伝説、地理情報などが集録されたものだ。同書の「八幡村八幡宮の事」という部分に「謙信守山城攻めの時、放火し、堂社回禄し、神器も焼亡して、わずかに湯花の釜、鈴の残れり」という記述がみられる。これによると、謙信が守山城（現富山県高岡市）に攻め寄せた際、八幡村（現富山市）の八幡宮に火を放ったため、境内の御堂や社殿はもとより、多くの神器も焼けてしまったが、なんとか湯花の釜と鈴だけは難を逃れたという。その八幡村の八幡宮こそ、現在も富山市八幡に鎮座する護国八幡宮である。謙信が守山城を攻めた時期は、永禄《えいろく》11年（1568）の第4次北陸出兵と、元亀《げんき》2年（1571）の第6次北陸出兵の2回が同時代史料から判明しており、どちらかの折に兵火を受けたのかもしれない。

武家の守り神

あいにく湯花の釜の方は伝わっていないが、鈴については今も同社に残っている。その鈴の持ち手部分には「越中国婦負《ねい》郡万《ま》見《み》八幡御鈴　願主有沢才蔵主　天文《てんぶん》十三

護国八幡宮（現富山市）

神楽鈴（護国八幡宮蔵）

年閏《うるう》十一月二十一日」の銘が彫られており、有沢の地（現富山市）が出自とみられる有沢才蔵主なる人物によって、天文13年（1544）に寄進されたことが分かる。つまり、寄進から30年も経たぬうちに、護国八幡宮は謙信軍の襲来によって兵火を受けたことになろう。銘文によれば、当時は万見八幡と呼ばれて地域の信仰を集めており、鈴は社内で舞われた神楽《かぐら》などで用いられたのではなかろうか。宮司の嵯峨芳樹氏によると、この神楽鈴を振れば、奉納されてから470年以上も過ぎた今でもしっかり音が鳴るという。

そもそも八幡神といえば、武家の守り神だ。そこに謙信が火を放つとは、にわかには信じがたい。もちろん、謙信軍が焼いたというのは、他の多くの寺社と同じように、あくまで江戸時代の歴史資料に書かれた情報であって、事実と即断することはできないだろう。しかし、もしも伝承が史実であったとするならば、この神楽鈴は〝放火魔〟謙信の貴重な目撃者といえる。火のない所に煙は立たぬとはよく聞く言葉だが、本当のところはどうだったのであろうか。

49年の生涯で、11回にも及ぶ北陸への外征に臨み、越中と能登の2カ国に加え、加賀の北半分をもテリトリーに収めた謙信。信濃は武田、関東は北条に行く手を阻まれ、思うような分国化は成し遂げられなかった。この事実をふまえると、まぎれもなく謙信は、北陸でこそ覇を唱えた戦国武将だったといえるだろう。その中で、自らの意にくみせぬ寺社に対して、脅しも兼ねて、火を放ったのかもしれない。彼は英傑か、はたまた梟雄《きょうゆう》か。そもそも二者択一は適切ではない。ただし、焼かれた側からすれば、答えはおそらく後者である。

本書を終えるにあたり、あらためて上杉謙信なる人物をどう捉えていくべきか、最後に私なりの考えを述べて結びとしよう。

おわりに——過度な英雄視と決別　野心を秘めた侵略者

暗部あぶり出す

自らを毘沙門天の生まれ変わりと呼び、神仏を篤く敬い、義を第一に重んじ、決して私利私欲で戦わず、領土を広げないという上杉謙信。そのようなイメージは、いまなお根強い。だが、食うか食われるか、熾烈《しれつ》な生き残りをかけた戦国サバイバルの世で、聖人君子のような者など存在するのだろうか。かかる疑念こそ本書の出発点であった。そこで、あえて謙信の北陸進攻にスポットを当て、事あるごとに彼の暗部を戦略的にあぶり出してきたつもりだ。

永禄百将伝　上杉謙信
（富山市郷土博物館蔵）

上杉謙信公銅像・上杉神社
（現山形県米沢市）

　藤木久志氏は、北陸への出兵は、半分くらいが稲の収穫期で、ほかは春夏の短期決戦が多いと論じた。しかし、筆者の調べに基づいて謙信北陸出兵の期間をまとめた次頁の表を見ると、必ずしもそうとは言えないことに気づく。たしかに、出兵には1カ月前後の短期的なものと、5カ月以上に及ぶ長期的なものがあったと分かる。表中の月は旧暦なので、新暦だと1カ月半ほど遅い。よって、稲刈りシーズンめがけた短期出兵となると、第3次、5次、8次、9次の計4回だ。いっさい略奪を行わなかっ

上杉謙信の北陸出兵

No.	始期	終期	期間	出兵先	敵
第1次	永禄3年(1560)3月26日	永禄3年(1560)5月	約1カ月	越中	神保長職
第2次	永禄5年(1562)7月	永禄5年(1562)7月	約1カ月	越中	神保長職
第3次	永禄5年(1562)9月	永禄5年(1562)10月16日	約1カ月	越中	神保長職 一向一揆
第4次	永禄11年(1568)3月	永禄11年(1568)4月	約1カ月	越中	反畠山義綱方 一向一揆
第5次	永禄12年(1569)8月	永禄12年(1569)10月27日	約80日	越中	椎名康胤 反神保長職方 一向一揆
第6次	元亀2年(1571)2月29日	元亀2年(1571)4月	約1カ月	越中	椎名康胤 一向一揆
第7次	元亀3年(1572)8月	元亀4年(1573)4月21日	約8カ月	越中	椎名康胤 一向一揆
第8次	天正元年(1573)8月	天正元年(1573)8月	数日	越中	一向一揆
第9次	天正3年(1575)7月	天正3年(1575)8月21日	約1カ月	越中 加賀	一向一揆
第10次	天正4年(1576)8月	天正5年(1577)4月	約8カ月	越中 能登	能登畠山氏
第11次	天正5年(1577)閏7月	天正5年(1577)11月22日	約5カ月	能登 加賀	能登畠山氏 織田信長

たとまでは言わないが、それは戦いの主目的ではないと思う。おおよその傾向としては、元亀《げんき》2年(1571)の第6次出兵を境に長期化していくが、これには名目の変化が伴っていると考えたい。

　そこで、北陸へ押し寄せるに至った訳を追うと、永禄《えいろく》3年(1560)に行った最初の出兵から6度目までは、椎名《しいな》氏や能登畠山氏、神保《じんぼ》氏など、その時々の同盟勢力に対する支援を前面に掲げていた。敵を不義と断じ、我にこそ義ありと訴える。けれども、あくまでそれは、家臣の士気を高める手段であるとともに、他国へ攻め入るためのスローガンなのであった。

戦いの質を変容

進攻を重ねる中で、まずは越中東部の支配を確かなものにしていき、元亀3年までに越中一国すべてを自らの領土と見なしはじめた謙信。この意識に基づき、自国の防衛という建前で、立ちはだかる敵を討つようになった。同じ頃から、版図《はんと》を大きくしたい欲望を神仏へ露わにさらけ出す。それに伴い、敵対勢力を完全に従わせて自らの支配下に組み込むべく、長期出兵を厭わなくなっていったのだろう。そして天正《てんしょう》4年（1576）に、10度目の出馬で念願の越中征服を果たすとともに、能登へ襲いかかる。翌5年には、彼の人生最後の出兵ともなる11回目の北陸進攻で、能登全土はおろか手取川《てどりがわ》以東の北加賀エリアまでも平らげてしまうのだ。謙信が唯一分国化を実現しえたのが北陸なのであった。かかる新たな征服地では、河田長親《かわだながちか》や鯵坂長実《あじさかながざね》ら寵臣たちに大きな権限を与えていく。盟友救援に始まり、報復攻撃から侵略戦争へと、謙信の戦いはその質を変容させていったと評してよい。

謙信と都市の関係を研究した市村清貴氏は、越後から能登までという他の戦国大名には例のないほどの長い海岸線を掌握し、日本海交易の拠点となっている港湾都市を支配することからくる「海の収益」が、謙信の北陸遠征の真の目的ではなかったかと説く。もちろんそのような面もあろうが、海だけでなく北陸の山野《さんや》河海《かかい》が持つ経済メリットの獲得、関東や信濃（現長野県）へ長期出陣を断行するべく後背にあたる北陸の軍事的安定を図る必要、上洛へ向けた交通路の確保など、それら諸々の狙いを満たしたいがゆえに、義をスローガンに何度も進攻を繰り返したのではなかったか。

ダークヒーロー

当たり前だが、歴史には様々な見方があって然るべきである。新潟県にとって謙信は、たしかにご当地生まれのスーパースターといえようが、富山県や石川県にすれば、野心を秘めたダークヒーローとも呼べるのだ。謙信の闇の部分を語る伝承が多く残るのも、見逃すべきでない北陸の地域的な特質である。そもそも、謙信に限らず、織田信長や武田信玄とて、侵略された側からみれば、戦国のスーパースターなどではない。例えば、今日の金沢市をはじめとする石川県で前田利家《としいえ》が英雄のごときポジションを得ているのは、その後の長きにわたる加賀藩（前田家）による平和と安定の時代が築かれたからこそであり、その藩祖として敬われたためだろう。かような利家も、戦国時代当時を加越能地域で生きた人たちからすれば、織田軍の旗のもとに押し寄せる憎き敵将だったにちがいない。

筆者の主張は、謙信に対する過度な英雄視と決別すべき、これに尽きる。歴史の捉え方というのは、立場や視点に大きく異なるのだ。課題を述べれば、義の武将という神話にも似たイメージが、いつ頃から生まれ、どのような過程を経て現代にまで定着していったのか、その点も明らかにしていくべきだと思う。本書では、「敵に塩を送る」逸話と「霜は軍営に満ちて」の漢詩、2つのエピソードの広まり方を試論として述べた。

ステレオタイプの謙信像から解き放たれるために、北陸からの目線で捉えなおす意義は大きい。その狙いが成功したかどうかは、読者諸賢の審判に委ねるほかないが、あの世で謙信が本書に目を通していたらどう思うか、気になるところである。

謙信軍の兵火を受けた伝承をもつ寺社一覧

No.	国名	所在地	寺社名(宗派)	典拠
1	越中	朝日町南保	清水寺(真言宗)	「下新川郡寺院明細帳」
2	越中	入善町入膳	入善神社	『富山県神社誌』
3	越中	入善町新屋	住吉社	『下新川郡史稿』『富山県神社誌』
4	越中	入善町新屋	神明社	『富山県神社誌』
5	越中	入善町藤原	神明社	『富山県神社誌』
6	越中	入善町古林	神明社	『富山県神社誌』
7	越中	黒部市生地	新治神社	『越中宝鑑』『富山県神社誌』
8	越中	黒部市生地芦崎	龍泉寺(浄土真宗)	「下新川郡寺院明細帳」
9	越中	黒部市飯沢	多宝院(天台宗)	「下新川郡寺院明細帳」
10	越中	黒部市荒俣	白鳥神社	『富山県神社誌』
11	越中	黒部市三日市	八心大市比古神社	『富山県神社誌』
12	越中	黒部市山田新	吉祥寺(曹洞宗)	「下新川郡寺院明細帳」『富山県史 通史編 中世』『平凡社 富山県の地名』
13	越中	黒部市若栗	若埜神社	『下新川郡史稿』『富山県神社誌』『平凡社 富山県の地名』
14	越中	黒部市宇奈月町明日	法福寺(真言宗)	「下新川郡寺院明細帳」
15	越中	魚津市吉島	建石勝神社	『越中宝鑑』『富山県神社誌』
16	越中	魚津市小川寺	千光寺(真言宗)	『越中宝鑑』『平凡社 富山県の地名』
17	越中	魚津市経田中町	勝福寺(浄土真宗)	「下新川郡寺院明細帳」
18	越中	滑川市神明町	櫟原神社	『越中宝鑑』
19	越中	滑川市高月	加茂神社	『富山県神社誌』
20	越中	立山町伊勢屋	神明社	『富山県神社誌』
21	越中	立山町上宮	満法寺(浄土真宗)	『平凡社 富山県の地名』
22	越中	立山町浦田	照名寺(浄土真宗)	『越中宝鑑』
23	越中	上市町森尻	神度神社	『富山県神社誌』
24	越中	上市町眼目	立山寺(曹洞宗)	『平凡社 富山県の地名』
25	越中	富山市安養坊	瑞泉寺(曹洞宗)	『平凡社 富山県の地名』

No.	国名	所在地	寺社名(宗派)	典拠
26	越中	富山市五番町	光厳寺(曹洞宗)	『越中宝鑑』『大日本寺院総覧』『富山県史 通史編 中世』
27	越中	富山市梅沢町	海岸寺(曹洞宗)	『平凡社 富山県の地名』
28	越中	富山市梅沢町	真興寺(真言宗)	『越中宝鑑』『大日本寺院総覧』
29	越中	富山市蜷川	最勝寺(曹洞宗)	『越中宝鑑』『大日本寺院総覧』
30	越中	富山市綾田	綾田稲荷神社	『富山県神社誌』
31	越中	富山市八幡	護国八幡宮	『肯搆泉達録』
32	越中	富山市水橋沖	加茂神社	『富山県神社誌』
33	越中	富山市上袋	神明社	『富山県神社誌』
34	越中	富山市布目	真福院(真言宗)	『婦負郡志』
35	越中	富山市婦中町鵜坂	鵜坂神社	『越中宝鑑』『婦負郡志』『富山県神社誌』
36	越中	富山市婦中町長沢	各願寺(真言宗)	「越中古実記上」
37	越中	富山市婦中町友坂	熊野神社	「大徳山永源寺由緒記」
38	越中	富山市婦中町千里	常楽寺(真言宗)	『平凡社 富山県の地名』
39	越中	富山市八尾町黒田	杉原神社	『富山県神社誌』
40	越中	高岡市答野島	見多気神社	『富山県神社誌』
41	越中	高岡市大町	称念寺(浄土真宗)	「文政四年 自他国自庵宝物」
42	越中	射水市八幡町	放生津八幡宮	「貞享四年 寺社由来」『富山県神社誌』
43	越中	射水市庄西町	日枝神社	『富山県神社誌』
44	越中	射水市広上	広上神社	『富山県神社誌』
45	越中	射水市日宮	薬勝寺(真言宗)	「貞享二年寺社由緒書上」『平凡社 富山県の地名』
46	越中	射水市青井谷	翁徳寺(曹洞宗)	『平凡社 富山県の地名』
47	越中	射水市三ケ高寺	蓮王寺(真言宗)	「貞享二年寺社由緒書上」『射水郡誌』
48	越中	射水市立町	妙蓮寺(浄土真宗)	『大日本寺院総覧』
49	越中	氷見市柿谷	熊野社	『富山県神社誌』
50	越中	氷見市上田子	多胡神社	『富山県神社誌』
51	越中	氷見市早借	速川神社	『氷見市史』

No.	国名	所在地	寺社名(宗派)	典拠
52	越中	砺波市頼成	林神社	『富山県神社誌』
53	越中	砺波市芹谷	千光寺(真言宗)	『越中宝鑑』『大日本寺院総覧』
54	越中	砺波市宮村	日吉神社	『富山県神社誌』
55	越中	南砺市高瀬	高瀬神社	『越の下草』『平凡社 富山県の地名』
56	越中	南砺市安居	安居寺(真言宗)	『平凡社 富山県の地名』
57	越中	南砺市野尻	石武雄神社	『越中宝鑑』
58	能登	珠洲市若山町経念	古麻志比古神社	『平凡社 石川県の地名』
59	能登	珠洲市若山町古蔵丑	昌樹寺(曹洞宗)	『珠洲郡誌』
60	能登	珠洲市宝立町柏原	加志波良比古神社	『平凡社 石川県の地名』
61	能登	珠洲市馬緤町	本光寺(曹洞宗)	『珠洲郡誌』
62	能登	能登町秋吉	瀬爪神社	『平凡社 石川県の地名』
63	能登	能登町白丸	遍照院(真言宗)	「貞享二年寺社由緒書上」
64	能登	能登町松波	浄専寺(浄土真宗)	「石川県寺院明細帳」『珠洲郡誌』
65	能登	能登町不動寺	不動寺(真言宗)	「石川県寺院明細帳」『珠洲郡誌』
66	能登	能登町当目	白山神社	『鳳至郡誌』
67	能登	輪島市中段町	白山神社	『平凡社 石川県の地名』
68	能登	輪島市別所谷	別所谷八幡神社	『石川県神社誌』
69	能登	輪島市大野町荻沢	高清寺(真言宗)	「文政七年申年六月能州寺院鎮守持宮書上帳」
70	能登	輪島市町野町南時国	高田寺(真言宗)	「貞享二年寺社由緒書上」
71	能登	輪島市輪島崎町	聖光寺(曹洞宗)	「石川県寺院明細帳」
72	能登	輪島市輪島崎町	霊泉寺(曹洞宗)	『鳳至郡誌』
73	能登	輪島市門前町道下	諸岡比古神社	『鳳至郡誌』
74	能登	輪島市門前町鑓川	八幡神社	『鳳至郡誌』
75	能登	輪島市門前町東大町	大町神社	『鳳至郡誌』
76	能登	輪島市門前町貝吹	八幡神社	『鳳至郡誌』
77	能登	輪島市門前町荒屋	熊野神社	『鳳至郡誌』
78	能登	輪島市門前町長井坂	長井神社	『鳳至郡誌』
79	能登	輪島市門前町定広	定広神社	『鳳至郡誌』

No.	国名	所在地	寺社名(宗派)	典拠
80	能登	輪島市門前町地原	伊須流伎神社	『鳳至郡誌』
81	能登	輪島市門前町百成	八幡神社	『鳳至郡誌』
82	能登	輪島市門前町二又川	熊野神社	『鳳至郡誌』
83	能登	輪島市門前町谷口	春日神社	『鳳至郡誌』
84	能登	輪島市門前町四位	石動社	『鳳至郡誌』
85	能登	輪島市門前町原	八幡神社	『鳳至郡誌』
86	能登	輪島市門前町瀧上	瀧上社	『鳳至郡誌』
87	能登	輪島市門前町内保	太玉神社	『鳳至郡誌』
88	能登	輪島市門前町本内	本内神社	『鳳至郡誌』
89	能登	穴水町上唐川	経津主神社	『鳳至郡誌』
90	能登	穴水町下唐川	唐川神社	『鳳至郡誌』
91	能登	穴水町下唐川	八阪神社	『鳳至郡誌』
92	能登	穴水町小又	小又神社	『鳳至郡誌』
93	能登	穴水町挾石	瀧津神社	『鳳至郡誌』
94	能登	穴水町河内	火宮神社	『鳳至郡誌』
95	能登	穴水町上中	上中神社	『鳳至郡誌』
96	能登	穴水町桂谷	桂谷神社	『鳳至郡誌』
97	能登	穴水町汁谷	八幡神社	『鳳至郡誌』
98	能登	穴水町鹿路	八幡神社	『鳳至郡誌』
99	能登	穴水町宇留地	宇留地神社	『鳳至郡誌』
100	能登	穴水町大町	来迎寺(真言宗)	『鳳至郡誌』
101	能登	穴水町北七海	七海白山神社	『鳳至郡誌』
102	能登	穴水町川島	諏訪神社	『鳳至郡誌』
103	能登	穴水町川島	瑞源寺(曹洞宗)	「貞享二年寺社由緒書上」『鳳至郡誌』
104	能登	穴水町此木	稲荷神社	『鳳至郡誌』
105	能登	穴水町鵜島	菅原神社	『鳳至郡誌』
106	能登	穴水町乙ヶ崎	火宮神社	『鳳至郡誌』
107	能登	穴水町新崎	白山神社	『鳳至郡誌』

No.	国名	所在地	寺社名（宗派）	典拠
108	能登	穴水町根木	白山神社	『鳳至郡誌』
109	能登	穴水町曾福	菅原神社	『鳳至郡誌』
110	能登	穴水町中居南二	日吉神社	『石川県神社誌』
111	能登	穴水町中居ワ	明王院（真言宗）	「貞享二年寺社由緒書上」
112	能登	穴水町中居ワ	地福院（真言宗）	「貞享二年寺社由緒書上」
113	能登	穴水町中居ワ	月光院（真言宗）	「貞享二年寺社由緒書上」
114	能登	穴水町中居ワ	医王院（真言宗）	「貞享二年寺社由緒書上」
115	能登	穴水町中居ワ	一乗院（真言宗）	「貞享二年寺社由緒書上」
116	能登	穴水町中居	遍照院（真言宗）	『鳳至郡誌』
117	能登	穴水町木原	白山神社	『鳳至郡誌』
118	能登	穴水町岩車	聖徳寺（浄土真宗）	『鳳至郡誌』
119	能登	穴水町鹿波	鹿波白山神社	『鳳至郡誌』
120	能登	穴水町曽良	曽良神社	『鳳至郡誌』
121	能登	穴水町甲	加夫刀比古神社	『鳳至郡誌』『平凡社　石川県の地名』
122	能登	穴水町前波	諸橋稲荷神社	『平凡社　石川県の地名』
123	能登	穴水町明千寺	明泉寺（真言宗）	『広重の諸国六十余州旅景色』
124	能登	志賀町米町	徳願寺（浄土真宗）	『羽咋郡誌』
125	能登	志賀町大福寺	高爪神社	『加能宝鑑』
126	能登	志賀町館開	道興寺（曹洞宗）	『加能宝鑑』
127	能登	中能登町良川	安養寺（浄土真宗）	『鹿島郡誌』『平凡社　石川県の地名』
128	能登	中能登町良川	山田寺（真言宗）	『鹿島郡誌』

No.	国名	所在地	寺社名（宗派）	典拠
129	能登	中能登町井田	円光寺（真言宗）	「貞享二年寺社由緒書上」『平凡社　石川県の地名』
130	能登	中能登町能登部下	長楽寺（真言宗）	「貞享二年寺社由緒書上」
131	能登	宝達志水町荻島	志乎神社	『平凡社　石川県の地名』
132	能登	七尾市高田町子部	宗貞寺（浄土真宗）	「石川県寺院明細帳」
133	能登	七尾市郡町	霊泉寺（曹洞宗）	『鹿島郡誌』
134	能登	七尾市千野町	正福寺（浄土真宗）	『鹿島郡誌』
135	能登	七尾市小島町	恵眼寺（曹洞宗）	『鹿島郡誌』
136	能登	七尾市田鶴浜町	悦叟寺（曹洞宗）	『鹿島郡誌』
137	能登	七尾市三引町	栄春院・怡岩院（真言宗）	「貞享二年寺社由緒書上」「石川県寺院明細帳」『鹿島郡誌』
138	能登	七尾市三引町	赤倉神社	「文政七年申年能州寺院鎮守持宮書上帳」『加能宝鑑』
139	能登	七尾市三引町	亀源寺（曹洞宗）	「石川県寺院明細帳」
140	能登	七尾市庵町	西方寺（浄土真宗）	「貞享二年寺社由緒書上」
141	能登	七尾市大田町	海門寺（曹洞宗）	『大日本寺院総覧』
142	能登	七尾市山崎町	阿良加志比古神社	『帰化人と社寺』
143	能登	七尾市国分町	久志伊奈太伎比咩神社	『加能宝鑑』
144	能登	七尾市中島町藤瀬	藤津比古神社	『加能宝鑑』
145	能登	七尾市中島町塩津	正永寺（浄土真宗）	『加能宝鑑』
146	加賀	津幡町倶利伽羅	手向神社	『加能宝鑑』『河北郡誌』
147	加賀	金沢市長田1丁目	長田菅原神社	『石川郡誌』『石川県神社誌』

【備考】上杉氏による兵火とのみ伝わり、謙信によるものか景勝によるものか判断できない寺社は除いた。所在地や寺院の宗派は現在のものとした。

【典拠】「越中古実記」「下新川郡寺院明細帳」（富山県立図書館蔵）、「文政四年　自他国自庵宝物」と「文政七年申年六月能州寺院鎮守持宮書上帳」（金沢市立玉川図書館蔵）、「大徳山永源寺由緒記」は未翻刻、「貞享二年寺社由緒書上」「貞享四年　寺社由来」「神社由来書上」「石川県寺院明細帳」（『加越能寺社由来』1974～75年）、『越の下草』（富山県郷土史会、1980年）、『肯構泉達録』（富山日報社、1892年）、『加能宝鑑』（1898年）、『越中宝鑑』（1898年）、『婦負郡志』（1909年）、『射水郡誌』（1909年）、『下新川郡史稿』（1909年）、『鹿島郡誌』（1909年）、『石川郡誌』（1911年）、『大日本寺院総覧』（明治出版社、1916年）、『羽咋郡誌』（1917年）、『河北郡誌』（1920年）、『珠洲郡誌』（1923年）、『鳳至郡誌』（1923年）、『江沼郡誌』（1925年）、『氷見市史』（1963年）、『帰化人と社寺』（綜芸社、1969年）、『石川県神社誌』（1976年）、『富山県神社誌』（1983年）、『平凡社　富山県の地名』（1994年）、『広重の諸国六十余州旅景色』（人文社、2005年）、『平凡社　石川県の地名』（1991年）、『平凡社　富山県の地名』

主要参考文献（著者五十音順、敬称略）

五十嵐俊子「魚沼神社蔵「大般若波羅蜜多経」についての私見」（『大山の歴史と民俗』19号、２０１６年）
池享・矢田俊文編『上杉氏年表　増補改訂版』（高志書院、２０１７年）
池上裕子「合戦と国分け」（新潟県『新潟県史　通史編２中世』１９８７年）
池上裕子『織田信長』（吉川弘文館、２０１２年）
石渡洋平『実像に迫る14　上杉謙信』（戎光祥出版、２０１７年）
市村清貴「謙信と都市」（池享・矢田俊文編『定本　上杉謙信』高志書院、２０００年）
市村高男『戦争の日本史10　東国の戦国合戦』（吉川弘文館、２００９年）
井上鋭夫校注『上杉史料集』（新人物往来社、１９６６年）
今福匡『上杉謙信　「義の武将」の激情と苦悩』（星海社、２０１８年）
内田健太「教科書教材としての頼山陽『日本外史』」（『岐阜聖徳学園大学国語国文学』36号、２０１７年）
奥田淳爾「上杉謙信の越中征服」（『富山史壇』43号、１９６９年）
尾下成敏「柴田勝家の居所と行動」（藤井譲治編『織豊期主要人物居所集成　第２版』思文閣出版、２０１６年）
片桐昭彦「謙信と川中島合戦」（池享・矢田俊文編『定本　上杉謙信』高志書院、２０００年）
金子拓『織田信長　不器用すぎた天下人』（河出書房新社、２０１７年）
金子拓『信長家臣　明智光秀』（平凡社、２０１９年）
加能史料編纂委員会編『加能史料　戦国13～17』（２０１５～１９年）
川名俊「戦国期における守護権力の展開と家臣」（『ヒストリア』２４８号、２０１５年）
木村康裕『戦国期越後上杉氏の研究』（岩田書院、２０１２年）
金龍教英「上杉氏の越中支配について」（『富山史壇』83号、１９８４年）
久保尚文「神保長職の進退」（同『越中中世史の研究』桂書房、１９８３年）
久保尚文「神保・椎名の角逐と上杉氏の越中侵攻」（富山県『富山県史　通史編Ⅱ中世』１９８４年）
栗原修「上杉氏の隣国経略と河田長親」（同『戦国期上杉氏・武田氏の上野支配』岩田書院、２０１０年、初出２００３年）
黒田基樹「謙信の関東侵攻」（池享・矢田俊文編『定本　上杉謙信』高志書院、２０００年）
小島道裕「旅の消費」（『歴博』１２４号、２００４年）
笹本正治『武田勝頼』（ミネルヴァ書房、２０１１年）
柴裕之「織田・上杉開戦への過程と展開」（『戦国史研究』75号、２０１８年）
柴辻俊六・黒田基樹編『戦国遺文　武田氏編１～４』（東京堂出版、２００２～０３年）

上越市『上越市史　別編　上杉氏文書集1、2』（2003、04年）
高岡徹「上杉氏の越中侵攻と富山」（富山市『富山市史　通史上巻』1987年）
高岡徹『戦国期越中の攻防』（岩田書院、2016年）
高橋修「合戦図屏風の中の「謙信」」（池享・矢田俊文編『定本　上杉謙信』高志書院、2000年）
高橋修『異説　もうひとつの川中島合戦―紀州本「川中島合戦図屏風」の発見』（洋泉社、2007年）
高森邦男「戦国大名上杉氏の分国支配」（『北陸史学』34号、1985年）
高森邦男「謙信が戦利品として持ち帰った大般若経」（『Deru Kui』14号、2001年）
竹間芳明「越中争乱における加賀一揆」（同『北陸の戦国時代と一揆』高志書院、2012年）
竹間芳明「瑞泉寺顕秀と上杉謙信」（『戦国史研究』65号、2013年）
谷口克広「上杉謙信と織田信長」（花ヶ前盛明編『新編　上杉謙信のすべて』新人物往来社、2008年）
土井了宗・金龍教英編『越中真宗史料』（桂書房、1996年）
富山県『富山県史　史料編Ⅱ　中世』（1975年）
中澤克昭「城を焼く」（藤木久志・伊藤正義編『城破りの考古学』吉川弘文館、2001年）
七尾市『新修七尾市史　資料編7　七尾城編』（2006年）
新潟県教育委員会『魚沼神社所蔵大般若波羅蜜多経調査報告書』（2010年）
西沢睦郎「謙信の越中支配」「謙信の能登支配」（上越市『上越市史　通史編2中世』2004年）
萩原大輔「越中からみた上杉謙信」（富山市郷土博物館『謙信 越中出馬』2017年）
萩原大輔「上杉謙信の北陸出兵」（福原圭一・前嶋敏編『上杉謙信』高志書院、2017年）
東四柳史明「畠山義綱考」（『国史学』88号、1972年）
東四柳史明『半島国の中世史』（北國新聞社、1992年）
東四柳史明「奥能登の戦国社会を生きた人々」（神奈川大学日本常民文化研究所編『日本海世界と北陸』中央公論社、1995年）
広井造「謙信と家臣団」（池享・矢田俊文編『定本　上杉謙信』高志書院、2000年）
廣澤康「謙信の越中・能登侵攻」（池享・矢田俊文編『定本　上杉謙信』高志書院、2000年）
藤木久志『新版　雑兵たちの戦場』（朝日新聞社、2005年）
前嶋敏「手取川合戦と本願寺勢力」（新潟県立歴史博物館『親鸞となむの大地』2014年）
前嶋敏「謙信・信玄と「川中島の戦い」」（新潟県立歴史博物館『川中島の戦い』2017年）
松山充宏「聖教が語る経済交流」（『富山市日本海文化研究所紀要』24号、2011年）
矢田俊文『上杉謙信』（ミネルヴァ書房、2003年）
簗瀬大輔「上杉謙信の雪中越山」（福原圭一・前嶋敏編『上杉謙信』高志書院、2017年）

あとがき

本書は、２０１８年1月から12月まで月２回のペースで計24回にわたり、北國新聞および富山新聞の文化欄に寄稿した連載「謙信襲来　北陸戦国ヒストリア」がベースとなっている。今回、書籍化するにあたって、紙幅の関係で言及できなかったエピソード、地図や写真を数多く増補したほか、随所に加筆や修正を施した。読みにくさに定評ある拙文が、平易で親しみやすい形に仕上がっていれば、それは間違いなく担当編集者・吉田智史《よした》さんの成せる業である。まず第一にお礼を申し上げたい。

私事ながら、本書の執筆中に新しい家族が増えた。謙信という名は付けなかったが、新型コロナウイルスの脅威に直面する困難な社会情勢のもとでも日々成長する子どもの姿に、大いに元気づけられる毎日である。ちなみに、愚息の五月人形（兜飾り）は謙信の兜を選んだ。また、妻と２人でどこかへ出かけるたびに、謙信軍の兵火を受けた伝承をもつ寺社へ寄り道したのも良い思い出である。次からは３人になるが、付いてきてくれるだろうか。はなはだ心許ない。

最後に、齢九十三を越えてなお意気軒昂な祖父巌、私を歴史好きに誘ってくれた父正清、辛口な関西弁で叱咤激励してくれる母純子、嫌々ながらも史跡撮影の旅に同道してくれる妻夏子、能登を巡る際に毎回温かく出迎えてくれる妻の実家・輪島に住む義父母らに対して、感謝の思いを伝えて結びとしたい。いつもありがとうございます。これからもお見捨て無きように。

２０２０年5月5日　　8回目の結婚記念日、そして長男正之輔の初節句に

萩原　大輔

［著者略歴］

萩原大輔（はぎはら・だいすけ）

1982年滋賀県生まれ。2004年山口大学人文学部卒業。2009年京都大学大学院文学研究科博士後期課程中途退学。2013年京都大学博士（文学）。現在、富山市郷土博物館主査学芸員。著書に『武者の覚え　戦国越中の覇者・佐々成政』（北日本新聞社、2016年）がある。

謙信《けんしん》襲来《しゅうらい》
越中《えっちゅう》・能登《のと》・加賀《かが》の戦国《せんごく》

2020年8月27日　初版第1刷発行

著　者　萩原大輔
発行者　能登健太朗
発行所　能登印刷出版部
〒920－0855
金沢市武蔵町7番10号
電　話（076）222－4595
ＦＡＸ（076）233－2559
ＵＲＬ　https://www.notoinsatu.co.jp/

印刷・製本　能登印刷株式会社

ISBN978-4-89010-774-2 C0021